CHEFS-D'ŒUVRE

DE VOLTAIRE.

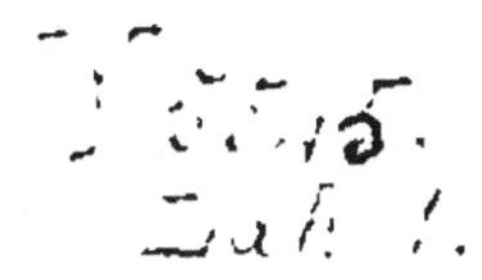

IMPRIMERIE DE RIGNOUX,
Rue des Francs-Bourgeois-Saint-Michel, n° 8.

CHEFS-D'ŒUVRE

DE VOLTAIRE.

TOME PREMIER.

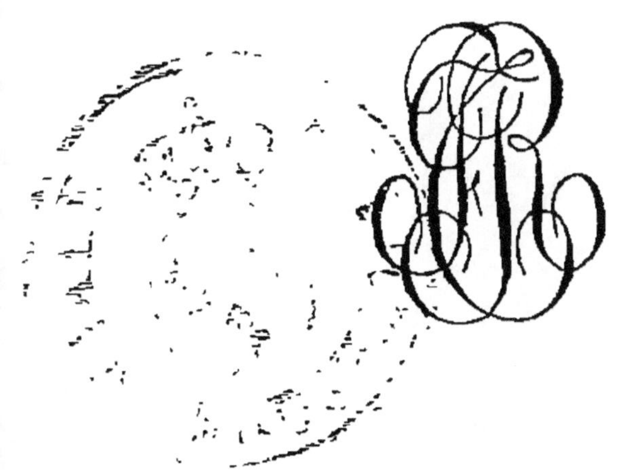

A PARIS,

CHEZ J. P. AILLAUD, LIBRAIRE,
PROPRIÉTAIRE DE LA COLLECTION CAZIN,
QUAI VOLTAIRE, N° 21.

1822.

ŒDIPE,

TRAGÉDIE.

PERSONNAGES.

ŒDIPE, roi de Thèbes.
JOCASTE, reine de Thèbes.
PHILOCTÈTE, prince d'Eubée.
LE GRAND-PRÊTRE.
ARASPE, confident d'Œdipe.
ÉGINE, confidente de Jocaste.
DIMAS, ami de Philoctète.
PHORBAS, vieillard thébain.
ICARE, vieillard de Corinthe.
CHOEUR DE THÉBAINS.

La scène est à Thèbes.

OEDIPE,

TRAGÉDIE.

ACTE PREMIER.

SCÈNE PREMIÈRE.

PHILOCTÈTE, DIMAS.

DIMAS.

Philoctète, est-ce vous ? Quel coup affreux du sort
Dans ces lieux empestés vous fait chercher la mort?
Venez-vous de nos dieux affronter la colère?
Nul mortel n'ose ici mettre un pied téméraire :
Ces climats sont remplis du céleste courroux,
Et la mort dévorante habite parmi nous.
Thèbes, depuis long-temps aux horreurs consacrée,
Du reste des vivans semble être séparée :
Retournez...

PHILOCTÈTE.

Ce séjour convient aux malheureux :
Va, laisse-moi le soin de mes destins affreux,
Et dis-moi si des dieux la colère inhumaine,
En accablant ce peuple, a respecté la reine?

DIMAS.

Oui, Seigneur, elle vit; mais la contagion

Jusqu'au pied de son trône apporte son poison.
Chaque instant lui dérobe un serviteur fidèle,
Et la mort par degrés semble s'approcher d'elle.
On dit qu'enfin le Ciel, après tant de courroux,
Va retirer son bras appesanti sur nous :
Tant de sang, tant de morts ont dû le satisfaire.

PHILOCTÈTE.

Eh! quel crime a produit un courroux si sévère?

DIMAS.

Depuis la mort du roi...

PHILOCTÈTE.

Qu'entends-je? quoi! Laïus...

DIMAS.

Seigneur, depuis quatre ans ce héros ne vit plus.

PHILOCTÈTE.

Il ne vit plus! quel mot a frappé mon oreille!
Quel espoir séduisant dans mon cœur se réveille!
Quoi! Jocaste... Les dieux me seraient-ils plus doux?
Quoi! Philoctète enfin pourrait-il être à vous?
Il ne vit plus!... quel sort a terminé sa vie?

DIMAS.

Quatre ans sont écoulés depuis qu'en Béotie
Pour la dernière fois le sort guida vos pas.
A peine vous quittiez le sein de vos états,
A peine vous preniez le chemin de l'Asie,
Lorsque, d'un coup perfide, une main ennemie
Ravit à ses sujets ce prince infortuné.

PHILOCTÈTE.

Quoi! Dimas, votre maître est mort assassiné?

DIMAS.

Ce fut de nos malheurs la première origine :

Ce crime a de l'empire entraîné la ruine.
Du bruit de son trépas mortellement frappés
A répandre des pleurs nous étions occupés,
Quand, du courroux des dieux ministre épouvantable,
Funeste à l'innocent, sans punir le coupable,
Un monstre (loin de nous que faisiez-vous alors?),
Un monstre furieux vint ravager ces bords.
Le Ciel, industrieux dans sa triste vengeance,
Avait à le former épuisé sa puissance.
Né parmi des rochers, au pied du Cithéron,
Ce monstre à voix humaine, aigle, femme et lion,
De la nature entière exécrable assemblage,
Unissait contre nous l'artifice à la rage.
Il n'était qu'un moyen d'en préserver ces lieux.
D'un sens embarrassé dans des mots captieux,
Le monstre, chaque jour, dans Thèbe épouvantée,
Proposait une énigme avec art concertée;
Et si quelque mortel voulait nous secourir,
Il devait voir le monstre, et l'entendre, ou périr.
A cette loi terrible il nous fallut souscrire.
D'une commune voix Thèbe offrit son empire
A l'heureux interprète inspiré par les dieux
Qui nous dévoilerait ce sens mystérieux.
Nos sages, nos vieillards, séduits par l'espérance,
Osèrent, sur la foi d'une vaine science,
Du monstre impénétrable affronter le courroux,
Nul d'eux ne l'entendit; ils expirèrent tous.
Mais OEdipe, héritier du sceptre de Corinthe,
Jeune, et dans l'âge heureux qui méconnaît la crainte,
Guidé par la fortune en ces lieux pleins d'effroi,
Vint, vit ce monstre affreux, l'entendit et fut roi.

Il vit, il règne encor, mais sa triste puissance
Ne voit que des mourans sous son obéissance.
Hélas! nous nous flattions que ses heureuses mains
Pour jamais à son trône enchaînaient les destins.
Déjà même les dieux nous semblaient plus faciles :
Le monstre en expirant laissait ces murs tranquilles;
Mais la stérilité, sur ce funeste bord,
Bientôt avec la faim nous rapporta la mort.
Les dieux nous ont conduits de supplice en supplice;
La famine a cessé, mais non leur injustice;
Et la contagion, dépeuplant nos états,
Poursuit un faible reste échappé du trépas.
Tel est l'état horrible où les dieux nous réduisent.
Mais vous, heureux guerrier que ces dieux favorisent,
Qui du sein de la gloire a pu vous arracher?
Dans ce séjour affreux que venez-vous chercher?

PHILOCTÈTE.

J'y viens porter mes pleurs et ma douleur profonde.
Apprends mon infortune et les malheurs du monde.
Mes yeux ne verront plus ce digne fils des dieux,
Cet appui de la terre, invincible comme eux.
L'innocent opprimé perd son dieu tutélaire :
Je pleure mon ami; le monde pleure un père.

DIMAS.

Hercule est mort?

PHILOCTÈTE.

Ami, ces malheureuses mains
Ont mis sur le bûcher le plus grand des humains :
Je rapporte en ces lieux ses flèches invincibles,
Du fils de Jupiter présens chers et terribles;
Je rapporte sa cendre, et viens à ce héros,

Attendant des autels, élever des tombeaux.
Crois-moi, s'il eût vécu, si d'un présent si rare
Le Ciel pour les humains eût été moins avare,
J'aurais, loin de Jocaste, achevé mon destin :
Et, dût ma passion renaître dans mon sein,
Tu ne me verrais point, suivant l'amour pour guide,
Pour servir une femme abandonner Alcide.

DIMAS.

J'ai plaint long-temps ce feu si puissant et si doux;
Il naquit dans l'enfance, il croissait avec vous.
Jocaste, par un père à son hymen forcée,
Au trône de Laïus à regret fut placée.
Hélas! par cet hymen, qui coûta tant de pleurs,
Les destins en secret préparaient nos malheurs.
Que j'admirais en vous cette vertu suprême,
Ce cœur digne du trône et vainqueur de soi-même!
En vain l'amour parlait à ce cœur agité,
C'est le premier tyran que vous avez dompté.

PHILOCTÈTE.

Il fallut fuir pour vaincre; oui, je te le confesse,
Je luttai quelque temps; je sentis ma faiblesse;
Il fallut m'arracher de ce funeste lieu,
Et je dis à Jocaste un éternel adieu.
Cependant l'univers, tremblant au nom d'Alcide,
Attendait son destin de sa valeur rapide;
A ses divins travaux j'osai m'associer;
Je marchai près de lui, ceint du même laurier.
C'est alors, en effet, que mon âme éclairée
Contre les passions se sentit assurée.
L'amitié d'un grand homme est un bienfait des dieux :
Je lisais mon devoir et mon sort dans ses yeux;

Des vertus avec lui je fis l'apprentissage;
Sans endurcir mon cœur, j'affermis mon courage :
L'inflexible vertu m'enchaîna sous sa loi.
Qu'eussé-je été sans lui? rien que le fils d'un roi,
Rien qu'un prince vulgaire, et je serais peut-être
Esclave de mes sens, dont il m'a rendu maître.

DIMAS.

Ainsi donc désormais, sans plainte et sans courroux,
Vous reverrez Jocaste et son nouvel époux?

PHILOCTÈTE.

Comment! que dites-vous? un nouvel hyménée...

DIMAS.

OEdipe à cette reine a joint sa destinée.

PHILOCTÈTE.

OEdipe est trop heureux! je n'en suis point surpris;
Et qui sauva son peuple est digne d'un tel prix :
Le Ciel est juste.

DIMAS.

OEdipe en ces lieux va paraître :
Tout le peuple avec lui, conduit par le grand-prêtre,
Vient des dieux irrités conjurer les rigueurs.

PHILOCTÈTE.

Je me sens attendri, je partage leurs pleurs.
O toi, du haut des cieux, veille sur ta patrie!
Exauce en sa faveur un ami qui te prie;
Hercule, sois le dieu de tes concitoyens;
Que leurs vœux jusqu'à toi montent avec les miens.

SCÈNE II.

LE GRAND-PRÊTRE, LE CHOEUR.

(La porte du temple s'ouvre, et le grand-prêtre paraît au milieu du peuple.)

PREMIER PERSONNAGE DU CHOEUR.

Esprits contagieux, tyrans de cet empire,
Qui soufflez dans ces murs la mort qu'on y respire,
Redoublez contre nous votre lente fureur,
Et d'un trépas trop long épargnez-nous l'horreur.

SECOND PERSONNAGE.

Frappez, dieux tout-puissans; vos victimes sont prêtes :
O monts, écrasez-nous!..Cieux, tombez sur nos têtes!
O mort, nous implorons ton funeste secours!
O mort, viens nous sauver, viens terminer nos jours!

LE GRAND-PRÊTRE.

Cessez, et retenez ces clameurs lamentables,
Faibles soulagemens aux maux des misérables.
Fléchissons sous un dieu qui veut nous éprouver,
Qui d'un mot peut nous perdre, et d'un mot nous sauver.
Il sait que dans ces murs la mort nous environne,
Et les cris des Thébains sont montés vers son trône.
Le roi vient. Par ma voix le Ciel va lui parler;
Les destins à ses yeux veulent se dévoiler.
Les temps sont arrivés : cette grande journée
Va du peuple et du roi changer la destinée.

SCÈNE III.

OEDIPE, JOCASTE, LE GRAND-PRÊTRE, ÉGINE, DIMAS, ARASPE, LE CHOEUR.

OEDIPE.

Peuple qui, dans ce temple apportant vos douleurs,
Présentez à nos dieux des offrandes de pleurs,
Que ne puis-je, sur moi détournant leurs vengeances,
De la mort qui vous suit étouffer les semences!
Mais un roi n'est qu'un homme en ce commun danger,
Et tout ce qu'il peut faire est de le partager.

(*au grand-prêtre.*)

Vous, ministre des dieux que dans Thèbe on adore,
Dédaignent-ils toujours la voix qui les implore?
Verront-ils sans pitié finir nos tristes jours?
Ces maîtres des humains sont-ils muets et sourds?

LE GRAND-PRÊTRE.

Roi, peuple, écoutez-moi. Cette nuit, à ma vue,
Du Ciel sur nos autels la flamme est descendue;
L'ombre du grand Laïus a paru parmi nous,
Terrible et respirant la haine et le courroux.
Une effrayante voix s'est fait alors entendre:
« Les Thébains de Laïus n'ont point vengé la cendre;
« Le meurtrier du roi respire en ces états,
« Et de son souffle impur infecte vos climats.
« Il faut qu'on le connaisse, il faut qu'on le punisse.
« Peuples, votre salut dépend de son supplice. »

OEDIPE.

Thébains, je l'avoûrai, vous souffrez justement
D'un crime inexcusable un rude châtiment.

Laïus vous était cher, et votre négligence
De ses mânes sacrés a trahi la vengeance.
Tel est souvent le sort des plus justes des rois!
Tant qu'ils sont sur la terre on respecte leurs lois,
On porte jusqu'aux cieux leur justice suprême;
Adorés de leur peuple, ils sont des dieux eux-mêmes;
Mais après leur trépas que sont-ils à vos yeux?
Vous éteignez l'encens que vous brûliez pour eux;
Et, comme à l'intérêt l'âme humaine est liée,
La vertu qui n'est plus est bientôt oubliée.
Ainsi, du Ciel vengeur implorant le courroux,
Le sang de votre roi s'élève contre vous.
Apaisons son murmure, et qu'au lieu d'hécatombe
Le sang du meurtrier soit versé sur sa tombe.
A chercher le coupable appliquons tous nos soins.
Quoi! de la mort du roi n'a-t-on pas de témoins?
Et n'a-t-on jamais pu, parmi tant de prodiges,
De ce crime impuni retrouver les vestiges?
On m'avait toujours dit que ce fut un Thébain
Qui leva sur son prince une coupable main.

(*à Jocaste.*)

Pour moi qui, de vos mains recevant sa couronne,
Deux ans après sa mort ai monté sur son trône,
Madame, jusqu'ici, respectant vos douleurs,
Je n'ai point rappelé le sujet de vos pleurs;
Et, de vos seuls périls chaque jour alarmée,
Mon âme à d'autres soins semblait être fermée.

JOCASTE.

Seigneur, quand le destin, me réservant à vous,
Par un coup imprévu m'enleva mon époux,
Lorsque, de ses états parcourant les frontières

Ce héros succomba sous des mains meurtrières,
Phorbas en ce voyage était seul avec lui;
Phorbas était du roi le conseil et l'appui :
Laïus, qui connaissait son zèle et sa prudence,
Partageait avec lui le poids de sa puissance.
Ce fut lui qui du prince, à ses yeux massacré,
Rapporta dans nos murs le corps défiguré :
Percé de coups lui-même, il se traînait à peine;
Il tomba tout sanglant aux genoux de sa reine :
« Des inconnus, dit-il, ont porté ces grands coups;
« Ils ont devant mes yeux massacré votre époux;
« Ils m'ont laissé mourant; et le pouvoir céleste
« De mes jours malheureux a ranimé le reste. »
Il ne m'en dit pas plus; et mon cœur agité
Voyait fuir loin de lui la triste vérité;
Et peut-être le Ciel, que ce grand crime irrite,
Déroba le coupable à ma juste poursuite :
Peut-être, accomplissant ses décrets éternels,
Afin de nous punir il nous fit criminels.
Le Sphinx bientôt après désola cette rive;
A ses seules fureurs Thèbes fut attentive :
Et l'on ne pouvait guère, en un pareil effroi,
Venger la mort d'autrui, quand on tremblait pour soi.

OEDIPE.

Madame, qu'a-t-on fait de ce sujet fidèle?

JOCASTE.

Seigneur, on paya mal son service et son zèle.
Tout l'état en secret était son ennemi :
Il était trop puissant pour n'être point haï;
Et du peuple et des grands la colère insensée
Brûlait de le punir de sa faveur passée.

On l'accusa lui-même, et d'un commun transport
Thèbe entière à grands cris me demanda sa mort,
Et moi, de tous côtés redoutant l'injustice,
Je tremblai d'ordonner sa grâce ou son supplice.
Dans un château voisin conduit secrètement,
Je dérobai sa tête à leur emportement.
Là, depuis quatre hivers, ce vieillard vénérable,
De la faveur des rois exemple déplorable,
Sans se plaindre de moi ni du peuple irrité,
De sa seule innocence attend sa liberté.

OEDIPE.

(*à sa suite.*)

Madame, c'est assez. Courez; que l'on s'empresse;
Qu'on ouvre sa prison, qu'il vienne, qu'il paraisse:
Moi-même devant vous je veux l'interroger.
J'ai tout mon peuple ensemble et Laïus à venger.
Il faut tout écouter; il faut d'un œil sévère
Sonder la profondeur de ce triste mystère.
Et vous, dieux des Thébains, dieux qui nous exaucez,
Punissez l'assassin, vous qui le connaissez.
Soleil, cache à ses yeux le jour qui nous éclaire!
Qu'en horreur à ses fils, exécrable à sa mère,
Errant, abandonné, proscrit dans l'univers,
Il rassemble sur lui tous les maux des enfers;
Et que son corps sanglant, privé de sépulture,
Des vautours dévorans devienne la pâture!

LE GRAND-PRÊTRE.

A ces sermens affreux nous nous unissons tous.

OEDIPE.

Dieux, que le crime seul éprouve enfin vos coups!
Ou si de vos décrets l'éternelle justice

Abandonne à mon bras le soin de son supplice,
Et si vous êtes las enfin de nous haïr,
Donnez, en commandant, le pouvoir d'obéir.
Si sur un inconnu vous poursuivez le crime,
Achevez votre ouvrage, et nommez la victime.
Vous, retournez au temple; allez, que votre voix
Interroge ces dieux une seconde fois;
Que nos vœux parmi nous les forcent à descendre :
S'ils ont aimé Laïus, ils vengeront sa cendre;
Et, conduisant un roi facile à se tromper,
Ils marqueront la place où mon bras doit frapper.

FIN DU PREMIER ACTE.

ACTE II.

SCÈNE PREMIÈRE.

JOCASTE, ÉGINE, ARASPE, LE CHOEUR.

ARASPE.

Oui, ce peuple expirant, dont je suis l'interprète,
D'une commune voix accuse Philoctète,
Madame; et les destins, dans ce triste séjour,
Pour nous sauver, sans doute, ont permis son retour.

JOCASTE.

Qu'ai-je entendu, grands dieux!

ÉGINE.

Ma surprise est extrême!

JOCASTE.

Qui? lui! qui? Philoctète!

ARASPE.

Oui, Madame, lui-même.
A quel autre en effet pourraient-ils imputer
Un meurtre qu'à nos yeux il sembla méditer?
Il haïssait Laïus, on le sait; et sa haine
Aux yeux de votre époux ne se cachait qu'à peine:
La jeunesse imprudente aisément se trahit;
Son front mal déguisé découvrait son dépit.
J'ignore quel sujet animait sa colère;
Mais au seul nom du roi, trop prompt et trop sincère,
Esclave d'un courroux qu'il ne pouvait dompter,

Jusques à la menace il osa s'emporter :
Il partit, et depuis sa destinée errante
Ramena sur nos bords sa fortune flottante.
Même il était dans Thèbe en ces temps malheureux
Que le Ciel a marqués d'un parricide affreux :
Depuis ce jour fatal, avec quelque apparence
De nos peuples sur lui tomba la défiance.
Que dis-je? Assez long-temps les soupçons des Thébains
Entre Phorbas et lui flottèrent incertains :
Cependant ce grand nom qu'il s'acquit dans la guerre,
Ce titre si fameux de vengeur de la terre,
Ce respect qu'aux héros nous portons malgré nous,
Fit taire nos soupçons et suspendit nos coups.
Mais les temps sont changés : Thèbe, en ce jour funeste,
D'un respect dangereux dépouillera le reste ;
En vain sa gloire parle à ces cœurs agités,
Les dieux veulent du sang, et sont seuls écoutés.

PREMIER PERSONNAGE DU CHOEUR.

O reine! ayez pitié d'un peuple qui vous aime;
Imitez de ces dieux la justice suprême;
Livrez-nous leur victime ; adressez-leur nos vœux;
Qui peut mieux les toucher qu'un cœur si digne d'eux?

JOCASTE.

Pour fléchir leur courroux s'il ne faut que ma vie,
Hélas! c'est sans regret que je la sacrifie.
Thébains, qui me croyez encor quelques vertus,
Je vous offre mon sang : n'exigez rien de plus.
Allez.

SCÈNE II.

JOCASTE, ÉGINE.

ÉGINE.

Que je vous plains !

JOCASTE.

Hélas ! je porte envie
A ceux qui dans ces murs ont terminé leur vie.
Quel état, quel tourment pour un cœur vertueux !

ÉGINE.

Il n'en faut point douter, votre sort est affreux !
Ces peuples, qu'un faux zèle aveuglément anime,
Vont bientôt à grands cris demander leur victime.
Je n'ose l'accuser ; mais quelle horreur pour vous
Si vous trouvez en lui l'assassin d'un époux !

JOCASTE.

Et l'on ose à tous deux faire un pareil outrage !
Le crime, la bassesse eût été son partage !
Égine, après les nœuds qu'il a fallu briser,
Il manquait à mes maux de l'entendre accuser.
Apprends que ces soupçons irritent ma colère,
Et qu'il est vertueux, puisqu'il m'avait su plaire.

ÉGINE.

Cet amour si constant...

JOCASTE.

Ne crois pas que mon cœur
De cet amour funeste ait pu nourrir l'ardeur ;
Je l'ai trop combattu. Cependant, chère Égine,
Quoi que fasse un grand cœur où la vertu domine,
On ne se cache point ces secrets mouvemens

De la nature en nous indomptables enfans;
Dans les replis de l'âme ils viennent nous surprendre,
Ces feux qu'on croit éteints renaissent de leur cendre:
Et la vertu sévère, en de si durs combats,
Résiste aux passions et ne les détruit pas.

ÉGINE.

Votre douleur est juste autant que vertueuse,
Et de tels sentimens...

JOCASTE.

Que je suis malheureuse!
Tu connais, chère Égine, et mon cœur et mes maux.
J'ai deux fois de l'hymen allumé les flambeaux;
Deux fois, de mon destin subissant l'injustice,
J'ai changé d'esclavage, ou plutôt de supplice;
Et le seul des mortels dont mon cœur fut touché
A mes vœux pour jamais devait être arraché.
Pardonnez-moi, grands dieux, ce souvenir funeste,
D'un feu que j'ai dompté c'est le malheureux reste.
Égine, tu nous vis l'un de l'autre charmés;
Tu vis nos nœuds rompus aussitôt que formés:
Mon souverain m'aima, m'obtint malgré moi-même;
Mon front chargé d'ennuis fut ceint du diadème;
Il fallut oublier dans ses embrassemens
Et mes premiers amours, et mes premiers sermens.
Tu sais qu'à mon devoir tout entière attachée,
J'étouffai de mes sens la révolte cachée;
Que, déguisant mon trouble et dévorant mes pleurs,
Je n'osais à moi-même avouer mes douleurs...

ÉGINE.

Comment donc pouviez-vous du joug de l'hyménée
Une seconde fois tenter la destinée?

JOCASTE.

Hélas !

ÉGINE.

M'est-il permis de ne vous rien cacher ?

JOCASTE.

Parle.

ÉGINE.

OEdipe, Madame, a paru vous toucher ;
Et votre cœur, du moins sans trop de résistance
De vos états sauvés donna la récompense.

JOCASTE.

Ah, grands dieux !

ÉGINE.

Était-il plus heureux que Laïus ?
Ou Philoctète absent ne vous touchait-il plus ?
Entre ces deux héros étiez-vous partagée ?

JOCASTE.

Par un monstre cruel Thèbe alors ravagée,
A son libérateur avait promis ma foi ;
Et le vainqueur du Sphinx était digne de moi.

ÉGINE.

Vous l'aimiez ?

JOCASTE.

Je sentis pour lui quelque tendresse ;
Mais que ce sentiment fut loin de la faiblesse !
Ce n'était point, Égine, un feu tumultueux,
De mes sens enchantés enfant impétueux ;
Je ne reconnus point cette brûlante flamme
Que le seul Philoctète a fait naître en mon âme,
Et qui, sur mon esprit répandant son poison,
De son charme fatal a séduit ma raison.

Je sentais pour OEdipe une amitié sévère;
OEdipe est vertueux, sa vertu m'était chère;
Mon cœur avec plaisir le voyait élevé
Au trône des Thébains qu'il avait conservé.
Cependant sur ses pas aux autels entraînée,
Égine, je sentis dans mon âme étonnée
Des transports inconnus que je ne conçus pas;
Avec horreur enfin je me vis dans ses bras.
Cet hymen fut conclu sous un affreux augure :
Égine, je voyais dans une nuit obscure,
Près d'OEdipe et de moi, je voyais des enfers
Les gouffres éternels à mes pieds entr'ouverts;
De mon premier époux l'ombre pâle et sanglante
Dans cet abîme affreux paraissait menaçante :
Il me montrait mon fils, ce fils qui dans mon flanc
Avait été formé de son malheureux sang;
Ce fils dont ma pieuse et barbare injustice
Avait fait à nos dieux un secret sacrifice :
De les suivre tous deux ils semblaient m'ordonner;
Tous deux dans le Tartare ils semblaient m'entraîner.
De sentimens confus mon âme possédée
Se présentait toujours cette effroyable idée;
Et Philoctète, encor trop présent dans mon cœur,
De ce trouble fatal augmentait la terreur.

ÉGINE.

J'entends du bruit, on vient, je le vois qui s'avance.

JOCASTE.

C'est lui-même; je tremble : évitons sa présence.

SCÈNE III.

JOCASTE, PHILOCTÈTE.

PHILOCTÈTE.

Ne fuyez point, Madame, et cessez de trembler;
Osez me voir, osez m'entendre et me parler.
Ne craignez point ici que mes jalouses larmes
De votre hymen heureux troublent les nouveaux charmes:
N'attendez point de moi des reproches honteux,
Ni de lâches soupirs indignes de tous deux.
Je ne vous tiendrai point de ces discours vulgaires
Que dicte la mollesse aux amans ordinaires:
Un cœur qui vous chérit, et, s'il faut dire plus,
S'il vous souvient des nœuds que vous avez rompus,
Un cœur pour qui le vôtre avait quelque tendresse,
N'a point appris de vous à montrer de faiblesse.

JOCASTE.

De pareils sentimens n'appartenaient qu'à nous;
J'en dois donner l'exemple, ou le prendre de vous.
Si Jocaste avec vous n'a pu se voir unie,
Il est juste, avant tout, qu'elle s'en justifie.
Je vous aimais, Seigneur : une suprême loi
Toujours malgré moi-même a disposé de moi;
Et du Sphinx et des dieux la fureur trop connue
Sans doute à votre oreille est déjà parvenue;
Vous savez quels fléaux ont éclaté sur nous,
Et qu'OEdipe...

PHILOCTÈTE.

Je sais qu'OEdipe est votre époux;
Je sais qu'il en est digne; et, malgré sa jeunesse,

L'empire des Thébains sauvé par sa sagesse,
Ses exploits, ses vertus, et surtout votre choix,
Ont mis cet heureux prince au rang des plus grands rois.
Ah! pourquoi la fortune, à me nuire constante,
Emportait-elle ailleurs ma valeur imprudente?
Si le vainqueur du Sphinx devait vous conquérir,
Fallait-il loin de vous ne chercher qu'à périr?
Je n'aurais point percé les ténèbres frivoles
D'un vain sens déguisé sous d'obscures paroles :
Ce bras, que votre aspect eût encore animé,
A vaincre avec le fer était accoutumé :
Du monstre à vos genoux j'eusse apporté la tête.
D'un autre cependant Jocaste est la conquête!
Un autre a pu jouir de cet excès d'honneur!

JOCASTE.

Vous ne connaissez pas quel est votre malheur.

PHILOCTÈTE.

Je perds Alcide et vous : qu'aurais je à craindre encore?

JOCASTE.

Vous êtes en des lieux qu'un dieu vengeur abhorre;
Un feu contagieux annonce son courroux :
Et le sang de Laïus est retombé sur nous.
Du Ciel qui nous poursuit la justice outragée
Venge ainsi de ce roi la cendre négligée :
On doit sur nos autels immoler l'assassin;
On le cherche, on vous nomme, on vous accuse enfin.

PHILOCTÈTE.

Madame, je me tais; une pareille offense
Étonne mon courage, et me force au silence.
Qui? moi, de tels forfaits! moi, des assassinats!
Et que de votre époux... Vous ne le croyez pas.

JOCASTE.

Non, je ne le crois point, et c'est vous faire injure
Que daigner un moment combattre l'imposture.
Votre cœur m'est connu, vous avez eu ma foi,
Et vous ne pouvez point être indigne de moi.
Oubliez ces Thébains que les dieux abandonnent,
Trop dignes de périr depuis qu'ils vous soupçonnent.
Fuyez-moi, c'en est fait : nous nous aimions en vain ;
Les dieux vous réservaient un plus noble destin ;
Vous étiez né pour eux : leur sagesse profonde
N'a pu fixer dans Thèbe un bras utile au monde,
Ni souffrir que l'amour, remplissant ce grand cœur,
Enchaînât près de moi votre obscure valeur.
Non, d'un lien charmant le soin tendre et timide
Ne doit point occuper le successeur d'Alcide :
De toutes vos vertus comptable à leurs besoins,
Ce n'est qu'aux malheureux que vous devez vos soins.
Déjà de tous côtés les tyrans reparaissent ;
Hercule est sous la tombe, et les monstres renaissent :
Allez, libre des feux dont vous fûtes épris,
Partez, rendez Hercule à l'univers surpris.
Seigneur, mon époux vient, souffrez que je vous laisse :
Non que mon cœur troublé redoute sa faiblesse ;
Mais j'aurais trop peut-être à rougir devant vous,
Puisque je vous aimais, et qu'il est mon époux.

SCÈNE IV.

OEDIPE, PHILOCTÈTE, ARASPE.

OEDIPE.

Araspe, c'est donc là le prince Philoctète?

PHILOCTÈTE.

Oui, c'est lui qu'en ces murs un sort aveugle jette,
Et que le Ciel encore, à sa perte animé,
A souffrir des affronts n'a point accoutumé.
Je sais de quel forfait on veut noircir ma vie;
Seigneur, n'attendez pas que je m'en justifie;
J'ai pour vous trop d'estime, et je ne pense pas
Que vous puissiez descendre à des soupçons si bas.
Si sur les mêmes pas nous marchons l'un et l'autre,
Ma gloire d'assez près est unie à la vôtre.
Thésée, Hercule et moi, nous vous avons montré
Le chemin de la gloire où vous êtes entré.
Ne déshonorez point par une calomnie
La splendeur de ces noms où votre nom s'allie;
Et soutenez surtout par un trait généreux
L'honneur que vous avez d'être placé près d'eux.

OEDIPE.

Être utile aux mortels, et sauver cet empire,
Voilà, Seigneur, voilà l'honneur seul où j'aspire,
Et ce que m'ont appris en ces extrémités
Les héros que j'admire et que vous imitez.
Certes je ne veux point vous imputer un crime :
Si le Ciel m'eût laissé le choix de la victime,
Je n'aurais immolé de victime que moi.
Mourir pour son pays, c'est le devoir d'un roi;
C'est un honneur trop grand pour le céder à d'autres.
J'aurais donné mes jours, et défendu les vôtres;
J'aurais sauvé mon peuple une seconde fois;
Mais, Seigneur, je n'ai point la liberté du choix.
C'est un sang criminel que nous devons répandre :
Vous êtes accusé, songez à vous défendre;

Paraissez innocent; il me sera bien doux
D'honorer dans ma cour un héros tel que vous;
Et je me tiens heureux s'il faut que je vous traite,
Non comme un accusé, mais comme Philoctète.

PHILOCTÈTE.

Je veux bien l'avouer : sur la foi de mon nom
J'avais osé me croire au-dessus du soupçon.
Cette main qu'on accuse, au défaut du tonnerre,
D'infâmes assassins a délivré la terre;
Hercule à les dompter avait instruit mon bras;
Seigneur, qui les punit ne les imite pas.

OEDIPE.

Ah ! je ne pense point qu'aux exploits consacrées
Vos mains par des forfaits se soient déshonorées,
Seigneur; et si Laïus est tombé sous vos coups,
Sans doute avec honneur il expira sous vous :
Vous ne l'avez vaincu qu'en guerrier magnanime;
Je vous rends trop justice.

PHILOCTÈTE.

Eh ! quel serait mon crime,
Si ce fer chez les morts eût fait tomber Laïus?
Ce n'eût été pour moi qu'un triomphe de plus.
Un roi pour ses sujets est un dieu qu'on révère;
Pour Hercule et pour moi c'est un homme ordinaire.
J'ai défendu des rois; et vous devez songer
Que j'ai pu les combattre, ayant pu les venger.

OEDIPE.

Je connais Philoctète à ces illustres marques :
Des guerriers comme vous sont égaux aux monarques;
Je le sais : cependant, Prince, n'en doutez pas,
Le vainqueur de Laïus est digne du trépas;

Sa tête répondra des malheurs de l'empire;
Et vous...

PHILOCTÈTE.

Ce n'est point moi : ce mot doit vous suffire.
Seigneur, si c'était moi, j'en ferais vanité :
En vous parlant ainsi, je dois être écouté.
C'est aux hommes communs, aux âmes ordinaires
A se justifier par des moyens vulgaires;
Mais un prince, un guerrier, tel que vous, tel que moi,
Quand il a dit un mot, en est cru sur sa foi.
Du meurtre de Laïus OEdipe me soupçonne!
Ah! ce n'est point à vous d'en accuser personne :
Son sceptre et son épouse ont passé dans vos bras;
C'est vous qui recueillez le fruit de son trépas.
Ce n'est pas moi surtout de qui l'heureuse audace
Disputa sa dépouille, et demanda sa place.
Le trône est un objet qui n'a pu me tenter :
Hercule à ce haut rang dédaignait de monter.
Toujours libre avec lui, sans sujets et sans maître,
J'ai fait des souverains, et n'ai point voulu l'être.
Mais c'est trop me défendre et trop m'humilier;
La vertu s'avilit à se justifier.

OEDIPE.

Votre vertu m'est chère, et votre orgueil m'offense;
On vous jugera, Prince; et si votre innocence
De l'équité des lois n'a rien à redouter,
Avec plus de splendeur elle en doit éclater.
Demeurez parmi nous...

PHILOCTÈTE.

J'y resterai, sans doute :
Il y va de ma gloire; et le Ciel qui m'écoute

Ne me verra partir que vengé de l'affront
Dont vos soupçons honteux ont fait rougir mon front.

SCÈNE V.

ŒDIPE, ARASPE.

OEDIPE.

Je l'avoûrai, j'ai peine à le croire coupable.
D'un cœur tel que le sien l'audace inébranlable
Ne sait point s'abaisser à des déguisemens :
Le mensonge n'a point de si hauts sentimens.
Je ne puis voir en lui cette bassesse infâme.
Je te dirai bien plus : je rougissais dans l'âme
De me voir obligé d'accuser ce grand cœur;
Je me plaignais à moi de mon trop de rigueur.
Nécessité cruelle attachée à l'empire !
Dans le cœur des humains les rois ne peuvent lire ;
Souvent sur l'innocence ils font tomber leurs coups,
Et nous sommes, Araspe, injustes malgré nous.
Mais que Phorbas est lent pour mon impatience !
C'est sur lui seul enfin que j'ai quelque espérance,
Car les dieux irrités ne nous répondent plus;
Ils ont par leur silence expliqué leurs refus.

ARASPE.

Tandis que par vos soins vous pouvez tout apprendre,
Quel besoin que le Ciel ici se fasse entendre?
Ces dieux dont le pontife a promis le secours,
Dans leurs temples, Seigneur, n'habitent pas toujours;
On ne voit point leur bras si prodigue en miracles :
Ces antres, ces trépieds, qui rendent leurs oracles,
Ces organes d'airain que nos mains ont formés,

Toujours d'un souffle pur ne sont pas animés.
Ne nous endormons point sur la foi de leurs prêtres;
Au pied du sanctuaire il est souvent des traîtres,
Qui, nous asservissant sous un pouvoir sacré,
Font parler les destins, les font taire à leur gré.
Voyez, examinez avec un soin extrême
Philoctète, Phorbas, et Jocaste elle-même.
Ne nous fions qu'à nous; voyons tout par nos yeux:
Ce sont là nos trépieds, nos oracles, nos dieux.

OEDIPE.

Serait-il dans le temple un cœur assez perfide?..
Non, si le Ciel enfin de nos destins décide,
On ne le verra point mettre en d'indignes mains
Le dépôt précieux du salut des Thébains.
Je vais, je vais moi-même, accusant leur silence,
Par mes vœux redoublés fléchir leur inclémence.
Toi, si pour me servir tu montres quelque ardeur,
De Phorbas, que j'attends, cours hâter la lenteur:
Dans l'état déplorable où tu vois que nous sommes,
Je veux interroger et les dieux et les hommes.

FIN DU SECOND ACTE

ACTE III.

SCÈNE PREMIÈRE.

JOCASTE, ÉGINE.

JOCASTE.

Oui, j'attends Philoctète, et je veux qu'en ces lieux
Pour la dernière fois il paraisse à mes yeux.

ÉGINE.

Madame, vous savez jusqu'à quelle insolence
Le peuple a de ses cris fait monter la licence.
Ces Thébains, que la mort assiége à tout moment,
N'attendent leur salut que de son châtiment;
Vieillards, femmes, enfans, que leur malheur accable
Tous sont intéressés à le trouver coupable.
Vous entendez d'ici leurs cris séditieux,
Ils demandent son sang de la part de nos dieux.
Pourrez-vous résister à tant de violence?
Pourrez-vous le servir et prendre sa défense?

JOCASTE.

Moi! si je la prendrai? dussent tous les Thébains
Porter jusque sur moi leurs parricides mains,
Sous ces murs tout fumans dussé-je être écrasée,
Je ne trahirai point l'innocence accusée.
Mais une juste crainte occupe mes esprits:
Mon cœur de ce héros fut autrefois épris;
On le sait: on dira que je lui sacrifie

Ma gloire, mes époux, mes dieux et ma patrie;
Que mon cœur brûle encore.

ÉGINE.

Ah! calmez cet effroi :
Cet amour malheureux n'eut de témoin que moi;
Et jamais...

JOCASTE.

Que dis-tu? crois-tu qu'une princesse
Puisse jamais cacher sa haine ou sa tendresse?
Des courtisans sur nous les inquiets regards
Avec avidité tombent de toutes parts;
A travers les respects leurs trompeuses souplesses
Pénètrent dans nos cœurs, et cherchent nos faiblesses.
A leur malignité rien n'échappe et ne fuit;
Un seul mot, un soupir, un coup-d'œil nous trahit;
Tout parle contre nous, jusqu'à notre silence;
Et quand leur artifice et leur persévérance
Ont enfin, malgré nous, arraché nos secrets,
Alors avec éclat leurs discours indiscrets,
Portant sur notre vie une triste lumière,
Vont de nos passions remplir la terre entière.

ÉGINE.

Eh! qu'avez-vous, Madame, à craindre de leurs coups :
Quels regards si perçans sont dangereux pour vous?
Quel secret pénétré peut flétrir votre gloire?
Si l'on sait votre amour, on sait votre victoire :
On sait que la vertu fut toujours votre appui.

JOCASTE.

Et c'est cette vertu qui me trouble aujourd'hui.
Peut-être, à m'accuser toujours prompte et sévère,
Je porte sur moi-même un regard trop austère;

Peut-être je me juge avec trop de rigueur :
Mais enfin Philoctète a régné sur mon cœur;
Dans ce cœur malheureux son image est tracée,
La vertu ni le temps ne l'ont point effacée :
Que dis-je? je ne sais, quand je sauve ses jours,
Si la seule équité m'appelle à son secours;
Ma pitié me paraît trop sensible et trop tendre;
Je sens trembler mon bras tout prêt à le défendre;
Je me reproche enfin mes bontés et mes soins;
Je le servirais mieux, si je l'eusse aimé moins.

ÉGINE.

Mais voulez-vous qu'il parte?

JOCASTE.

Oui, je le veux, sans doute;
C'est ma seule espérance; et pour peu qu'il m'écoute,
Pour peu que ma prière ait sur lui de pouvoir,
Il faut qu'il se prépare à ne me plus revoir.
De ces funestes lieux qu'il s'écarte, qu'il fuie,
Qu'il sauve en s'éloignant et ma gloire et sa vie.
Mais qui peut l'arrêter? il devrait être ici;
Chère Égine, va, cours.

SCÈNE II.

JOCASTE, PHILOCTÈTE, ÉGINE.

JOCASTE.

Ah! prince vous voici.
Dans le mortel effroi dont mon âme est émue,
Je ne m'excuse point de chercher votre vue :
Mon devoir, il est vrai, m'ordonne de vous fuir;
Je dois vous oublier, et non pas vous trahir :

Je crois que vous savez le sort qu'on vous apprête.

PHILOCTÈTE.

Un vain peuple en tumulte a demandé ma tête :
Il souffre, il est injuste, il faut lui pardonner.

JOCASTE.

Gardez à ses fureurs de vous abandonner.
Partez, de votre sort vous êtes encor maître;
Mais ce moment, Seigneur, est le dernier peut-être
Où je puis vous sauver d'un indigne trépas.
Fuyez; et, loin de moi précipitant vos pas,
Pour prix de votre vie heureusement sauvée,
Oubliez que c'est moi qui vous l'ai conservée.

PHILOCTÈTE.

Daignez montrer, Madame, à mon cœur agité
Moins de compassion et plus de fermeté;
Préférez, comme moi, mon honneur à ma vie;
Commandez que je meure, et non pas que je fuie;
Et ne me forcez point, quand je suis innocent,
A devenir coupable en vous obéissant.
Des biens que m'a ravis la colère céleste,
Ma gloire, mon honneur est le seul qui me reste;
Ne m'ôtez pas ce bien dont je suis si jaloux,
Et ne m'ordonnez pas d'être indigne de vous.
J'ai vécu, j'ai rempli ma triste destinée,
Madame : à votre époux ma parole est donnée;
Quelque indigne soupçon qu'il ait conçu de moi,
Je ne sais point encor comme on manque de foi.

JOCASTE.

Seigneur, au nom des dieux, au nom de cette flamme
Dont la triste Jocaste avait touché votre âme,
Si d'une si parfaite et si tendre amitié

Vous conservez encore un reste de pitié,
Enfin s'il vous souvient que, promis l'un à l'autre,
Autrefois mon bonheur a dépendu du vôtre,
Daignez sauver des jours de gloire environnés,
Des jours à qui les miens ont été destinés.

PHILOCTÈTE.

Je vous les consacrai; je veux que leur carrière
De vous, de vos vertus, soit digne tout entière.
J'ai vécu loin de vous; mais mon sort est trop beau
Si j'emporte en mourant votre estime au tombeau.
Qui sait même, qui sait si d'un regard propice
Le Ciel ne verra point ce sanglant sacrifice?
Qui sait si sa clémence, au sein de vos états,
Pour m'immoler à vous n'a point conduit mes pas?
Peut-être il me devait cette grâce infinie
De conserver vos jours aux dépens de ma vie;
Peut-être d'un sang pur il peut se contenter,
Et le mien vaut du moins qu'il daigne l'accepter.

SCÈNE III.

OEDIPE, JOCASTE, PHILOCTÈTE, ÉGINE, ARASPE, SUITE.

OEDIPE.

Prince, ne craignez point l'impétueux caprice
D'un peuple dont la voix presse votre supplice :
J'ai calmé son tumulte, et même contre lui
Je vous viens, s'il le faut, présenter mon appui.
On vous a soupçonné; le peuple a dû le faire.
Moi, qui ne juge point ainsi que le vulgaire,
Je voudrais que, perçant un nuage odieux,

Déjà votre innocence éclatât à leurs yeux.
Mon esprit incertain, que rien n'a pu résoudre,
N'ose vous condamner, mais ne peut vous absoudre.
C'est au Ciel que j'implore à me déterminer.
Ce Ciel enfin s'apaise, il veut nous pardonner :
Et bientôt, retirant la main qui nous opprime,
Par la voix du grand-prêtre il nomme la victime;
Et je laisse à nos dieux, plus éclairés que nous,
Le soin de décider entre mon peuple et vous.

PHILOCTÈTE.

Votre équité, Seigneur, est inflexible et pure;
Mais l'extrême justice est une extrême injure :
Il n'en faut pas toujours écouter la rigueur.
Des lois que nous suivons la première est l'honneur.
Je me suis vu réduit à l'affront de répondre
A de vils délateurs que j'ai trop su confondre.
Ah! sans vous abaisser à cet indigne soin,
Seigneur, il suffisait de moi seul pour témoin :
C'était, c'était assez d'examiner ma vie;
Hercule, appui des dieux, et vainqueur de l'Asie,
Les monstres, les tyrans qu'il m'apprit à dompter,
Ce sont-là les témoins qu'il me faut confronter.
De vos dieux cependant interrogez l'organe :
Nous apprendrons de lui si leur voix me condamne.
Je n'ai pas besoin d'eux, et j'attends leur arrêt
Par pitié pour ce peuple et non par intérêt.

SCÈNE IV.

OEDIPE, JOCASTE, LE GRAND-PRÊTRE, ARASPE, PHILOCTÈTE, ÉGINE, SUITE, LE CHOEUR.

OEDIPE.

Eh bien! les dieux, touchés des vœux qu'on leur adresse,
Suspendent-ils enfin leur fureur vengeresse?
Quelle main parricide a pu les offenser?

PHILOCTÈTE.

Parlez, quel est le sang que nous devons verser?

LE GRAND-PRÊTRE.

Fatal présent du Ciel! science malheureuse!
Qu'aux mortels curieux vous êtes dangereuse!
Plût aux cruels destins qui pour moi sont ouverts
Que d'un voile éternel mes yeux fussent couverts!

PHILOCTÈTE.

Eh bien! que venez-vous annoncer de sinistre?

OEDIPE.

D'une haine éternelle êtes-vous le ministre?

PHILOCTÈTE.

Ne craignez rien.

OEDIPE.

Les dieux veulent-ils mon trépas?

LE GRAND-PRÊTRE, *à OEdipe.*

Ah! si vous m'en croyez, ne m'interrogez pas.

OEDIPE.

Quel que soit le destin que le Ciel nous annonce,
Le salut des Thébains dépend de sa réponse.

PHILOCTÈTE.

Parlez.

OEDIPE.

Ayez pitié de tant de malheureux;
Songez qu'Œdipe...

LE GRAND-PRÊTRE.

Œdipe est plus à plaindre qu'eux.

PREMIER PERSONNAGE DU CHOEUR.

Œdipe a pour son peuple une amour paternelle:
Nous joignons à sa voix notre plainte éternelle.
Vous à qui le Ciel parle, entendez nos clameurs.

DEUXIÈME PERSONNAGE DU CHOEUR.

Nous mourons, sauvez-nous, détournez ses fureurs.
Nommez cet assassin, ce monstre, ce perfide.

PREMIER PERSONNAGE DU CHOEUR.

Nos bras vont dans son sang laver son parricide.

LE GRAND-PRÊTRE.

Peuples infortunés, que me demandez-vous?

PREMIER PERSONNAGE DU CHOEUR.

Dites un mot, il meurt, et vous nous sauvez tous.

LE GRAND-PRÊTRE.

Quand vous serez instruits du destin qui l'accable,
Vous frémirez d'horreur au seul nom du coupable.
Le dieu qui par ma voix vous parle en ce moment,
Commande que l'exil soit son seul châtiment;
Mais bientôt éprouvant un désespoir funeste,
Ses mains ajouteront à la rigueur céleste.
De son supplice affreux vos yeux seront surpris,
Et vous croirez vos jours trop payés à ce prix.

OEDIPE.

Obéissez.

PHILOCTÈTE.

Parlez.

OEDIPE.

C'est trop de résistance.

LE GRAND-PRÊTRE, *à OEdipe.*

C'est vous qui me forcez à rompre le silence.

OEDIPE.

Que ces retardemens allument mon courroux!

LE GRAND-PRÊTRE.

Vous le voulez... eh bien... c'est...

OEDIPE.

Achève : qui?

LE GRAND-PRÊTRE.

Vous.

OEDIPE.

Moi?

LE GRAND-PRÊTRE.

Vous, malheureux prince.

DEUXIÈME PERSONNAGE DU CHOEUR.

Ah! que viens-je d'entendre?

JOCASTE.

Interprète des dieux, qu'osez-vous nous apprendre?
(*à OEdipe.*)
Qui, vous, de mon époux vous seriez l'assassin?
Vous à qui j'ai donné sa couronne et ma main?
Non, Seigneur, non : des dieux l'oracle nous abuse;
Votre vertu dément la voix qui vous accuse.

PREMIER PERSONNAGE DU CHOEUR.

O Ciel, dont le pouvoir préside à notre sort,
Nommez une autre tête, ou rendez-nous la mort.

PHILOCTÈTE.

N'attendez point, Seigneur, outrage pour outrage;
Je ne tirerai point un indigne avantage
Du revers inouï qui vous presse a mes yeux :
Je vous crois innocent malgré la voix des dieux.
Je vous rends la justice enfin qui vous est due,
Et que ce peuple et vous ne m'avez point rendue.
Contre vos ennemis je vous offre mon bras,
Entre un pontife et vous je ne balance pas.
Un prêtre, quel qu'il soit, quelque dieu qui l'inspire,
Doit prier pour ses rois, et non pas les maudire.

OEDIPE.

Quel excès de vertu ! mais quel comble d'horreur!
L'un parle en demi-dieu, l'autre en prêtre imposteur.
(*au grand-prêtre.*)
Voilà donc des autels quel est le privilége!
Grâce à l'impunité, ta bouche sacrilége,
Pour accuser ton roi d'un forfait odieux,
Abuse insolemment du commerce des dieux!
Tu crois que mon courroux doit respecter encore
Le ministère saint que ta main déshonore.
Traître, au pied des autels il faudrait t'immoler,
A l'aspect de tes dieux que ta voix fait parler.

LE GRAND-PRÊTRE.

Ma vie est en vos mains, vous en êtes le maître :
Profitez des momens que vous avez à l'être;
Aujourd'hui votre arrêt vous sera prononcé.
Tremblez, malheureux roi, votre règne est passé;
Une invisible main suspend sur votre tête
Le glaive menaçant que la vengeance apprête:
Bientôt, de vos forfaits vous-même épouvanté,

Fuyant loin de ce trône où vous êtes monté,
Privé des feux sacrés et des eaux salutaires,
Remplissant de vos cris les antres solitaires,
Partout d'un dieu vengeur vous sentirez les coups :
Vous chercherez la mort; la mort fuira de vous.
Le Ciel, ce Ciel témoin de tant d'objets funèbres,
N'aura plus pour vos yeux que d'horribles ténèbres :
Au crime, au châtiment malgré vous destiné,
Vous seriez trop heureux de n'être jamais né.

OEDIPE.

J'ai forcé jusqu'ici ma colère à t'entendre;
Si ton sang méritait qu'on daignât le répandre,
De ton juste trépas mes regards satisfaits
De ta prédiction préviendraient les effets.
Va, fuis, n'excite plus le transport qui m'agite,
Et respecte un courroux que ta présence irrite;
Fuis, d'un mensonge indigne abominable auteur.

LE GRAND-PRÊTRE.

Vous me traitez toujours de traître et d'imposteur :
Votre père autrefois me croyait plus sincère.

OEDIPE.

Arrête : que dis-tu? qui? Polybe mon père...

LE GRAND-PRÊTRE.

Vous apprendrez trop tôt votre funeste sort;
Ce jour va vous donner la naissance et la mort.
Vos destins sont comblés, vous allez vous connaître.
Malheureux! savez-vous quel sang vous donna l'être?
Entouré de forfaits à vous seul réservés,
Savez-vous seulement avec qui vous vivez?
O Corinthe! ô Phocide! exécrable hyménée!
Je vois naître une race impie, infortunée,

Digne de sa naissance, et de qui la fureur
Remplira l'univers d'épouvante et d'horreur.
Sortons.

SCÈNE V.

OEDIPE, PHILOCTÈTE, JOCASTE.

OEDIPE.

Ces derniers mots me rendent immobile :
Je ne sais où je suis; ma fureur est tranquille :
Il me semble qu'un dieu descendu parmi nous,
Maître de mes transports, enchaîne mon courroux,
Et, prêtant au pontife une force divine,
Par sa terrible voix m'annonce ma ruine.

PHILOCTÈTE.

Si vous n'aviez, Seigneur, à craindre que des rois,
Philoctète avec vous combattrait sous vos lois;
Mais un prêtre est ici d'autant plus redoutable
Qu'il vous perce à nos yeux par un trait respectable.
Fortement appuyé sur des oracles vains,
Un pontife est souvent terrible aux souverains;
Et, dans son zèle aveugle, un peuple opiniâtre,
De ses liens sacrés imbécile idolâtre,
Foulant par piété les plus saintes des lois,
Croit honorer les dieux en trahissant ses rois;
Surtout quand l'intérêt, père de la licence,
Vient de leur zèle impie enhardir l'insolence.

OEDIPE.

Ah! Seigneur, vos vertus redoublent mes douleurs :
La grandeur de votre âme égale mes malheurs;
Accablé sous le poids du soin qui me dévore,

Vouloir me soulager, c'est m'accabler encore.
Quelle plaintive voix crie au fond de mon cœur ?
Quel crime ai-je commis ? Est-il vrai, Dieu vengeur?

JOCASTE.

Seigneur, c'en est assez, ne parlons plus de crime;
A ce peuple expirant il faut une victime :
Il faut sauver l'état, et c'est trop différer.
Épouse de Laïus, c'est à moi d'expirer;
C'est à moi de chercher sur l'infernale rive
D'un malheureux époux l'ombre errante et plaintive.
De ses mânes sanglans j'apaiserai les cris;
J'irai... Puissent les dieux, satisfaits à ce prix,
Contens de mon trépas, n'en point exiger d'autre,
Et que mon sang versé puisse épargner le vôtre !

OEDIPE.

Vous mourir! vous, Madame! ah! n'est-ce point assez,
De tant de maux affreux sur ma tête amassés?
Quittez, reine, quittez ce langage terrible;
Le sort de votre époux est déjà trop horrible,
Sans que, de nouveaux traits venant me déchirer,
Vous me donniez encor votre mort à pleurer.
Suivez mes pas, rentrons; il faut que j'éclaircisse
Un soupçon que je forme avec trop de justice.
Venez.

JOCASTE.

Comment, Seigneur, vous pourriez...

OEDIPE.

Suivez-moi,
Et venez dissiper ou combler mon effroi.

FIN DU TROISIÈME ACTE.

ACTE IV.

SCÈNE PREMIÈRE.

OEDIPE, JOCASTE.

OEDIPE.

Non, quoique vous disiez, mon âme inquiétée
De soupçons importuns n'est pas moins agitée.
Le grand-prêtre me gêne, et, prêt à l'excuser,
Je commence en secret moi-même à m'accuser.
Sur tout ce qu'il m'a dit, plein d'une horreur extrême,
Je me suis en secret interrogé moi-même;
Et mille événemens de mon âme effacés
Se sont offerts en foule à mes esprits glacés.
Le passé m'interdit, et le présent m'accable;
Je lis dans l'avenir un sort épouvantable;
Et le crime partout semble suivre mes pas.

JOCASTE.

Et quoi! votre vertu ne vous rassure pas?
N'êtes-vous pas enfin sûr de votre innocence?

OEDIPE.

On est plus criminel quelquefois qu'on ne pense.

JOCASTE.

Ah! d'un prêtre indiscret dédaignant les fureurs,
Cessez de l'excuser par ces lâches terreurs.

OEDIPE.

Au nom du grand Laïus et du courroux céleste,

Quand Laïus entreprit ce voyage funeste,
Avait-il près de lui des gardes, des soldats ?

JOCASTE.

Je vous l'ai déjà dit, un seul suivait ses pas.

OEDIPE.

Un seul homme ?

JOCASTE.

Ce roi, plus grand que sa fortune,
Dédaignait comme vous une pompe importune,
On ne voyait jamais marcher devant son char
D'un bataillon nombreux le fastueux rempart;
Au milieu des sujets soumis à sa puissance,
Comme il était sans crainte, il marchait sans défense.
Par l'amour de son peuple il se croyait gardé.

OEDIPE.

O héros, par le Ciel aux mortels accordé,
Des véritables rois exemple auguste et rare!
OEdipe a-t-il sur toi porté sa main barbare?
Dépeignez-moi du moins ce prince malheureux.

JOCASTE.

Puisque vous rappelez un souvenir fâcheux,
Malgré le froid des ans, dans sa mâle vieillesse,
Ses yeux brillaient encor du feu de sa jeunesse;
Son front cicatrisé sous ses cheveux blanchis
Imprimait le respect aux mortels interdits;
Et si j'ose, Seigneur, dire ce que j'en pense,
Laïus eut avec vous assez de ressemblance,
Et je me m'applaudissais de retrouver en vous,
Ainsi que les vertus, les traits de mon époux.
Seigneur, qu'a ce discours qui doive vous surprendre?

OEDIPE.

J'entrevois des malheurs que je ne puis comprendre :
Je crains que par les dieux le pontife inspiré
Sur mes destins affreux ne soit trop éclairé.
Moi, j'aurais massacré !... Dieux ! serait-il possible ?

JOCASTE.

Cet organe des dieux est-il donc infaillible ?
Un ministère saint les attache aux autels :
Ils approchent des dieux, mais ils sont des mortels.
Pensez-vous qu'en effet au gré de leur demande
Du vol de leurs oiseaux la vérité dépende ?
Que sous un fer sacré des taureaux gémissans
Dévoilent l'avenir à leurs regards perçans,
Et que de leurs festons ces victimes ornées
Des humains dans leurs flancs portent les destinées ?
Non, non : chercher ainsi l'obscure vérité,
C'est usurper les droits de la Divinité.
Nos prêtres ne sont point ce qu'un vain peuple pense ;
Notre crédulité fait toute leur science.

OEDIPE.

Ah dieux ! s'il était vrai, quel serait mon bonheur !

JOCASTE.

Seigneur, il est trop vrai ; croyez-en ma douleur.
Comme vous autrefois pour eux préoccupée,
Hélas ! pour mon malheur, je suis bien détrompée,
Et le Ciel me punit d'avoir trop écouté
D'un oracle imposteur la fausse obscurité.
Il m'en coûta mon fils. Oracles que j'abhorre !
Sans vos ordres, sans vous, mon fils vivrait encore.

OEDIPE.

Votre fils ! par quel coup l'avez-vous dono perdu ?

Quel oracle sur vous les dieux ont-ils rendu?

JOCASTE.

Apprenez, apprenez, dans ce péril extrême,
Ce que j'aurais voulu me cacher à moi-même;
Et d'un oracle faux ne vous alarmez plus.
Seigneur, vous le savez, j'eus un fils de Laïus.
Sur le sort de mon fils ma tendresse inquiète
Consulta de nos dieux la fameuse interprète.
Quelle fureur, hélas! de vouloir arracher
Des secrets que le sort a voulu nous cacher!
Mais enfin j'étais mère, et pleine de faiblesse;
Je me jetai craintive aux pieds de la prêtresse.
Voici ses propres mots, j'ai dû les retenir :
Pardonnez si je tremble à ce seul souvenir.
« Ton fils tûra son père, et ce fils sacrilége,
« Inceste et parricide... » O dieux! achèverai-je?

OEDIPE.

Eh bien, Madame?

JOCASTE.

Enfin, Seigneur, on me prédit
Que mon fils, que ce monstre entrerait dans mon lit;
Que je le recevrais, moi, Seigneur, moi sa mère,
Dégouttant dans mes bras du meurtre de son père;
Et que, tous deux unis par ces liens affreux,
Je donnerais des fils à mon fils malheureux.
Vous vous troublez, Seigneur, à ce récit funeste;
Vous craignez de m'entendre et d'écouter le reste.

OEDIPE.

Ah! Madame, achevez : dite, que fîtes-vous
De cet enfant, l'objet du céleste courroux?

JOCASTE.

Je crus les dieux, Seigneur; et, saintement cruelle,
J'étouffai pour mon fils mon amour maternelle.
En vain de cet amour l'impérieuse voix
S'opposait à nos dieux, et condamnait leurs lois;
Il fallut dérober cette tendre victime
Au fatal ascendant qui l'entraînait au crime,
Et, pensant triompher des horreurs de son sort,
J'ordonnai par pitié qu'on lui donnât la mort.
O pitié criminelle autant que malheureuse!
O d'un oracle faux obscurité trompeuse!
Quel fruit me revient-il de mes barbares soins?
Mon malheureux époux n'en expira pas moins;
Dans le cours triomphant de ses destins prospères
Il fut assassiné par des mains étrangères :
Ce ne fut point son fils qui lui porta ces coups;
Et j'ai perdu mon fils sans sauver mon époux!
Que cet exemple affreux puisse au moins vous instruire;
Bannissez cet effroi qu'un prêtre vous inspire;
Profitez de ma faute, et calmez vos esprits.

OEDIPE.

Après le grand secret que vous m'avez appris,
Il est juste à mon tour que ma reconnaissance
Fasse de mes destins l'horrible confidence.
Lorsque vous aurez su, par ce triste entretien,
Le rapport effrayant de votre sort au mien,
Peut-être, ainsi que moi, frémirez-vous de crainte.
Le destin m'a fait naître au trône de Corinthe :
Cependant de Corinthe et du trône éloigné,
Je vois avec horreur les lieux où je suis né.
Un jour, ce jour affreux, présent à ma pensée,

Jette encore la terreur dans mon âme glacée;
Pour la première fois, par un don solennel,
Mes mains jeunes encore enrichissaient l'autel:
Du temple tout à coup les combles s'entr'ouvrirent,
De traits affreux de sang les marbres se couvrirent,
De l'autel ébranlé par de longs tremblemens
Une invisible main repoussait mes présens;
Et les vents, au milieu de la foudre éclatante,
Portèrent jusqu'à moi cette voix effrayante:
« Ne viens plus des lieux saints souiller la pureté;
« Du nombre des vivans les dieux t'ont rejeté;
« Ils ne reçoivent point tes offrandes impies;
« Va porter tes présens aux autels des Furies;
« Conjure leurs serpens prêts à te déchirer;
« Va, ce sont là les dieux que tu dois implorer. »
Tandis qu'à la frayeur j'abandonnais mon âme,
Cette voix m'annonça, le croiriez-vous, Madame?
Tout l'assemblage affreux des forfaits inouis
Dont le Ciel autrefois menaça votre fils,
Me dit que je serais l'assassin de mon père.

JOCASTE.

Ah, dieux!

OEDIPE.

Que je serais le mari de ma mère.

JOCASTE.

Où suis-je? Quel démon en unissant nos cœurs,
Cher Prince, a pu dans nous rassembler tant d'horreurs?

OEDIPE.

Il n'est pas encor temps de répandre des larmes;
Vous apprendrez bientôt d'autres sujets d'alarmes.
Écoutez-moi, Madame, et vous allez trembler.

Du sein de ma patrie il fallut m'exiler.
Je craignis que ma main, malgré moi criminelle,
Aux destins ennemis ne fût un jour fidèle;
Et suspect à moi-même, à moi-même odieux,
Ma vertu n'osa point lutter contre les dieux.
Je m'arrachai des bras d'une mère éplorée;
Je partis, je courus de contrée en contrée;
Je déguisai partout ma naissance et mon nom:
Un ami de mes pas fut le seul compagnon.
Dans plus d'une aventure, en ce fatal voyage,
Le dieu qui me guidait seconda mon courage:
Heureux, si j'avais pu, dans l'un de ces combats,
Prévenir mon destin par un noble trépas!
Mais je suis réservé sans doute au parricide.
Enfin je me souviens qu'aux champs de la Phocide,
(Et je ne conçois pas par quel enchantement
J'oubliais jusqu'ici ce grand événement:
La main des dieux sur moi si long-temps suspendue
Semble ôter le bandeau qu'ils mettaient sur ma vue:)
Dans un chemin étroit je trouvai deux guerriers
Sur un char éclatant que traînaient deux coursiers:
Il fallut disputer, dans cet étroit passage,
Des vains honneurs du pas le frivole avantage.
J'étais jeune et superbe, et nourri dans un rang
Où l'on puisa toujours l'orgueil avec le sang.
Inconnu, dans le sein d'une terre étrangère,
Je me croyais encore au trône de mon père;
Et tous ceux qu'à mes yeux le sort venait offrir
Me semblaient mes sujets, et faits pour m'obéir.
Je marche donc vers eux, et ma main furieuse
Arrête des coursiers la fougue impétueuse;

Loin du char à l'instant ces guerriers élancés
Avec fureur sur moi fondent à coups pressés.
La victoire entre nous ne fut point incertaine :
Dieux puissans ! je ne sais si c'est faveur ou haine,
Mais sans doute pour moi contre eux vous combattiez ;
Et l'un et l'autre enfin tombèrent à mes pieds.
L'un d'eux, il m'en souvient, déjà glacé par l'âge,
Couché sur la poussière, observait mon visage ;
Il me tendit les bras, il voulut me parler,
De ses yeux expirans je vis des pleurs couler ;
Moi-même en le perçant, je sentis dans mon âme,
Tout vainqueur que j'étais... Vous frémissez, Madame.

JOCASTE.

Seigneur, voici Phorbas, on le conduit ici.

OEDIPE.

Hélas ! mon doute affreux va donc être éclairci !

SCÈNE II.

OEDIPE, JOCASTE, PHORBAS, SUITE.

OEDIPE.

Viens, malheureux vieillard, viens, approche... A sa vue,
D'un trouble renaissant je sens mon âme émue ;
Un confus souvenir vient encor m'affliger ;
e tremble de le voir et de l'interroger.

PHORBAS.

Eh bien ! est-ce aujourd'hui qu'il faut que je périsse ?
Grande reine, avez-vous ordonné mon supplice ?
Vous ne fûtes jamais injuste que pour moi.

JOCASTE.

Rassurez-vous, Phorbas, et répondez au roi.

PHORBAS.

Au roi?

JOCASTE.

C'est devant lui que je vous fais paraître.

PHORBAS.

O dieux! Laïus est mort, et vous êtes mon maître?
Vous, Seigneur?

OEDIPE.

Épargnons les discours superflus :
Tu fus le seul témoin du meurtre de Laïus;
Tu fus blessé, dit-on, en voulant le défendre.

PHORBAS.

Seigneur, Laïus est mort, laissez en paix sa cendre;
N'insultez pas du moins au malheureux destin
D'un fidèle sujet blessé de votre main.

OEDIPE.

Je t'ai blessé? qui, moi?

PHORBAS.

Contentez votre envie;
Achevez de m'ôter une importune vie;
Seigneur, que votre bras, que les dieux ont trompé,
Verse un reste de sang qui vous est échappé;
Et puisqu'il vous souvient de ce sentier funeste
Où mon roi...

OEDIPE.

Malheureux, épargne-moi le reste;
J'ai tout fait, je le vois, c'en est assez. O dieux!
Enfin après quatre ans vous dessillez mes yeux.

JOCASTE.

Hélas! il est donc vrai!

OEDIPE.

Quoi ! c'est toi que ma rage
Attaqua vers Daulis en cet étroit passage ?
Oui, c'est toi : vainement je cherche à m'abuser :
Tout parle contre moi, tout sert à m'accuser ;
Et mon œil étonné ne peut te méconnaître.

PHORBAS.

Il est vrai, sous vos coups j'ai vu tomber mon maître;
Vous avez fait le crime, et j'en fus soupçonné;
J'ai vécu dans les fers, et vous avez régné.

OEDIPE.

Va, bientôt à mon tour je me rendrai justice ;
Va, laisse-moi du moins le soin de mon supplice :
Laisse-moi, sauve-moi de l'affront douloureux
De voir un innocent que j'ai fait malheureux.

SCÈNE III.

ŒDIPE, JOCASTE.

OEDIPE.

Jocaste... car enfin la fortune jalouse
M'interdit à jamais le tendre nom d'épouse.
Vous voyez mes forfaits; libre de votre foi,
Frappez, délivrez-vous de l'horreur d'être à moi.

JOCASTE.

Hélas !

OEDIPE.

Prenez ce fer, instrument de ma rage;
Qu'il vous serve aujourd'hui pour un plus juste usage;
Plongez-le dans mon sein.

JOCASTE.

Que faites-vous, Seigneur?
Arrêtez; modérez cette aveugle douleur;
Vivez.

OEDIPE.

Quelle pitié pour moi vous intéresse?
Je dois mourir.

JOCASTE.

Vivez, c'est moi qui vous en presse;
Écoutez ma prière.

OEDIPE.

Ah! je n'écoute rien;
J'ai tué votre époux.

JOCASTE.

Mais vous êtes le mien.

OEDIPE.

Je le suis par le crime.

JOCASTE.

Il est involontaire

OEDIPE.

N'importe, il est commis.

JOCASTE.

O comble de misère!

OEDIPE.

O trop funeste hymen! ô feux jadis si doux!

JOCASTE.

Ils ne sont point éteints; vous êtes mon époux.

OEDIPE.

Non, je ne le suis plus; et ma main ennemie
N'a que trop bien rompu le saint nœud qui nous lie.
Je remplis ces climats du malheur qui me suit.

Redoutez-moi, craignez le dieu qui me poursuit;
Ma timide vertu ne sert qu'à me confondre,
Et de moi désormais je ne puis plus répondre.
Peut-être de ce dieu, partageant le courroux,
L'horreur de mon destin s'étendrait jusqu'à vous :
Ayez du moins pitié de tant d'autres victimes;
Frappez, ne craignez rien, vous m'épargnez des crimes.

JOCASTE.

Ne vous accusez point d'un destin si cruel;
Vous êtes malheureux, et non pas criminel :
Dans ce fatal combat que Daulis vous vit rendre,
Vous ignoriez quel sang vos mains allaient répandre;
Et, sans trop rappeler cet affreux souvenir,
Je ne puis que me plaindre, et non pas vous punir.
Vivez...

OEDIPE.

Moi, que je vive! il faut que je vous fuie.
Hélas! où traînerai-je une mourante vie?
Sur quels bords malheureux, dans quels tristes climats,
Ensevelir l'horreur qui s'attache à mes pas?
Irai je, errant encore, et me fuyant moi-même,
Mériter par le meurtre un nouveau diadème?
Irai-je dans Corinthe, où mon triste destin
A des crimes plus grands réserve encor ma main?
Corinthe! que jamais ta détestable rive...

SCÈNE IV.

OEDIPE, JOCASTE, DIMAS.

DIMAS.

Seigneur, en ce moment un étranger arrive;

Il se dit de Corinthe, et demande à vous voir.

OEDIPE.

Allons, dans un moment je vais le recevoir.

(*à Jocaste.*)

Adieu : que de vos pleurs la source se dissipe.
Vous ne reverrez plus l'inconsolable OEdipe :
C'en est fait, j'ai régné, vous n'avez plus d'époux;
En cessant d'être roi, je cesse d'être à vous.
Je pars : je vais chercher, dans ma douleur mortelle,
Des pays où ma main ne soit point criminelle;
Et, vivant loin de vous, sans états, mais en roi,
Justifier les pleurs que vous versez pour moi.

FIN DU QUATRIÈME ACTE.

ACTE V.

SCÈNE PREMIÈRE.

OEDIPE, ARASPE, DIMAS, Suite.

OEDIPE.

Finissez vos regrets, et retenez vos larmes :
Vous plaignez mon exil, il a pour moi des charmes;
Ma fuite à vos malheurs assure un prompt secours;
En perdant votre roi vous conservez vos jours.
Du sort de tout ce peuple il est temps que j'ordonne.
J'ai sauvé cet empire en arrivant au trône :
J'en descendrai du moins comme j'y suis monté;
Ma gloire me suivra dans mon adversité.
Mon destin fut toujours de vous rendre la vie.
Je quitte mes enfans, mon trône, ma patrie;
Écoutez-moi du moins pour la dernière fois;
Puisqu'il vous faut un roi, consultez-en mon choix.
Philoctète est puissant, vertueux, intrépide :
Un monarque est son père [1], il fut l'ami d'Alcide;
Que je parte, et qu'il règne. Allez chercher Phorbas.
Qu'il paraisse à mes yeux, qu'il ne me craigne pas;
Il faut de mes bontés lui laisser quelque marque,
Et quitter mes sujets et le trône en monarque.

[1] Il était fils du roi d'Eubée, aujourd'hui Négrepont.

Que l'on fasse approcher l'étranger devant moi.
Vous, demeurez.

SCÈNE II.

OEDIPE, ARASPE, ICARE, Suite.

OEDIPE.

Icare, est-ce vous que je voi?
Vous, de mes premiers ans sage dépositaire,
Vous, digne favori de Polybe, mon père?
Quel sujet important vous conduit parmi nous?

ICARE.

Seigneur, Polybe est mort.

OEDIPE.

Ah! que m'apprenez-vous?
Mon père...

ICARE.

A son trépas vous deviez vous attendre.
Dans la nuit du tombeau les ans l'ont fait descendre;
Ses jours étaient remplis, il est mort à mes yeux.

OEDIPE.

Qu'êtes-vous devenus, oracles de nos dieux?
Vous qui faisiez trembler ma vertu trop timide,
Vous qui me prépariez l'horreur d'un parricide.
Mon père est chez les morts, et vous m'avez trompé;
Malgré vous dans son sang mes mains n'ont point tremp
Ainsi de mon erreur esclave volontaire,
Occupé d'écarter un mal imaginaire,
J'abandonnais ma vie à des malheurs certains,
Trop crédule artisan de mes tristes destins!
O Ciel! et quel est donc l'excès de ma misère,

Si le trépas des miens me devient nécessaire?
Si, trouvant dans leur perte un bonheur odieux,
Pour moi la mort d'un père est un bienfait des dieux?
Allons, il faut partir; il faut que je m'acquitte
Des funèbres tributs que sa cendre mérite.
Partons. Vous vous taisez, je vois vos pleurs couler;
Que ce silence...

ICARE.

O Ciel! oserai-je parler?

OEDIPE.

Vous reste-t-il encor des malheurs à m'apprendre?

ICARE.

Un moment sans témoin daignerez-vous m'entendre?

OEDIPE, *à sa suite.*

Allez, retirez-vous. Que va-t-il m'annoncer?

ICARE.

A Corinthe, Seigneur, il ne faut plus penser:
Si vous y paraissez, votre mort est jurée.

OEDIPE.

Eh! qui de mes états me défendrait l'entrée?

ICARE.

Du sceptre de Polybe un autre est l'héritier.

OEDIPE.

Est-ce assez? et ce trait sera-t-il le dernier?
Poursuis, destin, poursuis, tu ne pourras m'abattre.
Eh bien! j'allais régner; Icare, allons combattre:
A mes lâches sujets courons me présenter.
Parmi ces malheureux, prompts à se révolter,
Je puis trouver du moins un trépas honorable:
Mourant chez les Thébains, je mourrais en coupable;
Je dois périr en roi. Quels sont mes ennemis?

Parle, quel étranger sur mon trône est assis?

ICARE.

Le gendre de Polybe; et Polybe lui-même
Sur son front en mourant a mis le diadème.
A son maître nouveau tout le peuple obéit.

OEDIPE.

Eh quoi! mon père aussi, mon père me trahit?
De la rébellion mon père est le complice?
Il me chasse du trône!

ICARE.

Il vous a fait justice;
Vous n'étiez point son fils.

OEDIPE.

Icare!...

ICARE.

Avec regret
Je révèle en tremblant ce terrible secret;
Mais il le faut, Seigneur; et toute la province...

OEDIPE.

Je ne suis point son fils!

ICARE.

Non, Seigneur, et ce prince
A tout dit en mourant. De ses remords pressé,
Pour le sang de nos rois il vous a renoncé;
Et moi, de son secret confident et complice,
Craignant du nouveau roi la sévère justice,
Je venais implorer votre appui dans ces lieux.

OEDIPE.

Je n'étais point son fils! et qui suis-je, grands dieux?

ICARE.

Le Ciel, qui dans mes mains a remis votre enfance,

D'une profonde nuit couvre votre naissance;
Et je sais seulement qu'en naissant condamné,
Et sur un mont désert à périr destiné,
La lumière sans moi vous eût été ravie.

OEDIPE.

Ainsi donc mon malheur commence avec ma vie;
J'étais dès le berceau l'horreur de ma maison.
Où tombai-je en vos mains?

ICARE.

Sur le mont Cithéron.

OEDIPE.

Près de Thèbe?

ICARE.

Un Thébain, qui se dit votre père,
Exposa votre enfance en ce lieu solitaire.
Quelque dieu bienfaisant guida vers vous mes pas:
La pitié me saisit, je vous pris dans mes bras;
Je ranimai dans vous la chaleur presque éteinte.
Vous viviez; aussitôt je vous porte à Corinthe;
Je vous présente au prince: admirez votre sort!
Le prince vous adopte au lieu de son fils mort;
Et, par ce coup adroit, sa politique heureuse
Affermit pour jamais sa puissance douteuse.
Sous le nom de son fils vous fûtes élevé
Par cette même main qui vous avait sauvé.
Mais le trône en effet n'était point votre place;
L'intérêt vous y mit, le remords vous en chasse.

OEDIPE.

O vous qui présidez aux fortunes des rois,
Dieux! faut-il en un jour m'accabler tant de fois,
Et, préparant vos coups par vos trompeurs oracles,

Contre un faible mortel épuiser les miracles?
Mais ce vieillard, ami, de qui tu m'as reçu,
Depuis ce temps fatal ne l'as-tu jamais vu?

ICARE.

Jamais; et le trépas vous a ravi peut-être
Le seul qui vous eût dit quel sang vous a fait naître.
Mais long-temps de ses traits mon esprit occupé
De son image encore est tellement frappé,
Que je le connaîtrais s'il venait à paraître.

OEDIPE.

Malheureux! eh! pourquoi chercher à le connaître?
Je devrais bien plutôt, d'accord avec les dieux,
Chérir l'heureux bandeau qui me couvre les yeux.
J'entrevois mon destin; ces recherches cruelles
Ne me découvriront que des horreurs nouvelles.
Je le sais; mais, malgré les maux que je prévois,
Un désir curieux m'entraîne loin de moi.
Je ne puis demeurer dans cette incertitude;
Le doute en mon malheur est un tourment trop rude;
J'abhorre le flambeau dont je veux m'éclairer;
Je crains de me connaître, et ne puis m'ignorer.

SCÈNE III.

OEDIPE, ICARE, PHORBAS.

OEDIPE.

Ah! Phorbas, approchez.

ICARE.

Ma surprise est extrême:
Plus je le vois, et plus... Ah! Seigneur, c'est lui-même;
C'est lui.

PHORBAS, *à Icare.*

Pardonnez-moi si vos traits inconnus...

ICARE.

Quoi! du mont Cithéron ne vous souvient-il plus?

PHORBAS.

Comment?

ICARE.

Quoi! cet enfant qu'en mes mains vous remîtes;
Cet enfant qu'au trépas...

PHORBAS.

Ah! qu'est-ce que vous dites?
Et de quel souvenir venez-vous m'accabler?

ICARE.

Allez, ne craignez rien, cessez de vous troubler;
Vous n'avez en ces lieux que des sujets de joie.
OEdipe est cet enfant.

PHORBAS.

Que le Ciel te foudroie?
Malheureux, qu'as-tu dit?

ICARE, *à OEdipe.*

Seigneur, n'en doutez pas;
Quoi que ce Thébain dise, il vous mit dans mes bras :
Vos destins sont connus, et voilà votre père...

OEDIPE.

O sort qui me confond! ô comble de misère!
(*à Phorbas.*)
Je serais né de vous? le Ciel aurait permis
Que votre sang versé...

PHORBAS.

Vous n'êtes point mon fils.

OEDIPE.

Eh quoi! N'avez-vous pas exposé mon enfance?

PHORBAS.

Seigneur, permettez-moi de fuir votre présence,
Et de vous épargner cet horrible entretien.

OEDIPE.

Phorbas, au nom des dieux, ne me déguise rien.

PHORBAS.

Partez, Seigneur, fuyez vos enfans et la reine.

OEDIPE.

Réponds-moi seulement; la résistance est vaine.
Cet enfant par toi-même à la mort destiné,
(*en montrant Icare.*)
Le mis-tu dans ses bras?

PHORBAS.

Oui, je le lui donnai.
Que ce jour ne fut-il le dernier de ma vie!

OEDIPE.

Quel était son pays?

PHORBAS.

Thèbe était sa patrie.

OEDIPE.

Tu n'étais point son père!

PHORBAS.

Hélas! il était né
D'un sang plus glorieux et plus infortuné.

OEDIPE.

Quel était-il enfin?

PHORBAS *se jette aux pieds du roi.*

Seigneur, qu'allez-vous faire?

OEDIPE.

Achève, je le veux.

PHORBAS.

Jocaste était sa mère.

ICARE.

Et voilà donc le fruit de mes généreux soins?

PHORBAS.

Qu'avons-nous fait tous deux?

OEDIPE.

Je n'attendais pas moins.

ICARE.

Seigneur...

OEDIPE.

Sortez, cruels, sortez de ma présence;
De vos affreux bienfaits craignez la récompense:
Fuyez; à tant d'horreurs par vous seuls réservé,
Je vous punirais trop de m'avoir conservé.

SCÈNE IV.

OEDIPE.

Le voilà donc rempli cet oracle exécrable
Dont ma crainte a pressé l'effet inévitable!
Et je me vois enfin, par un mélange affreux,
Inceste et parricide, et pourtant vertueux.
Misérable vertu! nom stérile et funeste,
Toi par qui j'ai réglé des jours que je déteste,
A mon noir ascendant tu n'as pu résister:
Je tombai dans le piége en voulant l'éviter.
Un dieu plus fort que toi m'entraînait vers le crime;
Sous mes pas fugitifs il creusait un abîme;

Et j'étais, malgré moi, dans mon aveuglement,
D'un pouvoir inconnu l'esclave et l'instrument.
Voilà tous mes forfaits; je n'en connais point d'autres.
Impitoyables dieux, mes crimes sont les vôtres,
Et vous m'en punissez !... Où suis-je? Quelle nuit
Couvre d'un voile affreux la clarté qui nous luit?
Ces murs sont teints de sang; je vois les Euménides
Secouer leurs flambeaux vengeurs des parricides;
Le tonnerre en éclats semble fondre sur moi;
L'enfer s'ouvre... O Laïus, ô mon père! est-ce toi?
Je vois, je reconnais la blessure mortelle
Que te fit dans le flanc cette main criminelle.
Punis-moi, venge-toi d'un monstre détesté,
D'un monstre qui souilla les flancs qui l'ont porté.
Approche, entraîne-moi dans les demeures sombres;
J'irai de mon supplice épouvanter les ombres.
Viens, je te suis.

SCÈNE V.

OEDIPE, JOCASTE, ÉGINE, LE CHOEUR.

JOCASTE.

Seigneur, dissipez mon effroi,
Vos redoutables cris sont venus jusqu'à moi.

OEDIPE.

Terre, pour m'engloutir entr'ouvre tes abîmes;

JOCASTE.

Quel malheur imprévu vous accable?

OEDIPE.

Mes crimes.

JOCASTE.

Seigneur.

OEDIPE.

Fuyez, Jocaste.

JOCASTE.

Ah! trop cruel époux!

OEDIPE.

Malheureuse! arrêtez; quel nom prononcez-vous?
Moi votre époux! quittez ce titre abominable
Qui nous rend l'un à l'autre un objet exécrable.

JOCASTE.

Qu'entends-je?

OEDIPE.

C'en est fait; nos destins sont remplis.
Laïus était mon père, et je suis votre fils.

(il sort.)

PREMIER PERSONNAGE DU CHOEUR.

O crime!

SECOND PERSONNAGE DU CHOEUR.

O jour affreux! jour à jamais terrible!

JOCASTE.

Égine, arrache-moi de ce palais horrible.

ÉGINE.

Hélas!

JOCASTE.

Si tant de maux ont de quoi te toucher,
Si ta main, sans frémir, peut encor m'approcher,
Aide-moi, soutiens-moi, prends pitié de ta reine.

PREMIER PERSONNAGE DU CHOEUR.

Dieux! est-ce donc ainsi que finit votre haine?

Reprenez, reprenez vos funestes bienfaits;
Cruels, il valait mieux nous punir à jamais.

SCÈNE VI.

JOCASTE, ÉGINE, LE GRAND-PRÊTRE, LE CHOEUR.

LE GRAND-PRÊTRE.

Peuples, un calme heureux écarte les tempêtes;
Un soleil plus serein se lève sur vos têtes;
Les feux contagieux ne sont plus allumés;
Vos tombeaux qui s'ouvraient sont déjà refermés;
La mort fuit : et le dieu du ciel et de la terre
Annonce ses bontés par la voix du tonnerre.

(*Ici on entend gronder la foudre, et l'on voit briller les éclairs.*)

JOCASTE.

Quels éclats! Ciel! où suis-je? et qu'est-ce que j'entends?
Barbares!...

LE GRAND-PRÊTRE

C'en est fait, et les dieux sont contens.
Laïus du sein des morts cesse de vous poursuivre;
Il vous permet encor de régner et de vivre;
Le sang d'OEdipe enfin suffit à son courroux.

LE CHOEUR.

Dieux!

JOCASTE.

O mon fils! hélas! dirai-je mon époux?
O des noms les plus chers assemblage effroyable!
Il est donc mort?

LE GRAND-PRÊTRE.

Il vit, et le sort qui l'accable
Des morts et des vivans semble le séparer :
Il s'est privé du jour avant que d'expirer.
Je l'ai vu dans ses yeux enfoncer cette épée
Qui du sang de son père avait été trempée ;
Il a rempli son sort ; et ce moment fatal
Du salut des Thébains est le premier signal.
Tel est l'ordre du Ciel, dont la fureur se lasse ;
Comme il veut, aux mortels il fait justice ou grâce ;
Ses traits sont épuisés sur ce malheureux fils.
Vivez, il vous pardonne.

JOCASTE.

Et moi, je me punis.
(*Elle se frappe.*)
Par un pouvoir affreux réservée à l'inceste,
La mort est le seul bien, le seul dieu qui me reste.
Laïus, reçois mon sang ; je te suis chez les morts :
J'ai vécu vertueuse, et je meurs sans remords.

LE CHOEUR.

O malheureuse reine ! ô destin que J'abhorre !

JOCASTE.

Ne plaignez que mon fils, puisqu'il respire encore.
Prêtres, et vous, Thébains, qui fûtes mes sujets,
Honorez mon bûcher, et songez à jamais
Qu'au milieu des horreurs du destin qui m'opprime
J'ai fait rougir les dieux qui m'ont forcée au crime.

FIN D'OEDIPE.

BRUTUS,

TRAGÉDIE.

PERSONNAGES.

JUNIUS BRUTUS, VALÉRIUS PUBLICOLA, } consuls.

TITUS, fils de Brutus.

TULLIE, fille de Tarquin.

ALGINE, confidente de Tullie.

ARONS, ambassadeur de Porsenna.

MESSALA, ami de Titus.

PROCULUS, tribun militaire.

ALBIN, confident d'Arons.

SÉNATEURS.

LICTEURS.

(*La scène est à Rome.*)

BRUTUS,

TRAGÉDIE.

ACTE PREMIER.

SCÈNE PREMIÈRE.

(Le théâtre représente une partie de la maison des consuls sur le mont Tarpéien, le temple du Capitole se voit dans le fond. Les sénateurs sont assemblés entre le temple et la maison, devant l'autel de Mars. Brutus et Valérius Publicola, consuls, président à cette assemblée : les sénateurs sont rangés en demi-cercle. Des licteurs avec leurs faisceaux sont debout derrière les sénateurs.)

BRUTUS, VALÉRIUS PUBLICOLA, LES SÉNATEURS.

BRUTUS.

Destructeurs des tyrans, vous qui n'avez pour rois
Que les dieux de Numa, vos vertus et nos lois,
Enfin notre ennemi commence à nous connaître.
Ce superbe Toscan qui ne parlait qu'en maître,
Porsenna, de Tarquin ce formidable appui,
Ce tyran, protecteur d'un tyran comme lui,
Qui couvre de son camp les rivages du Tibre,
Respecte le sénat, et craint un peuple libre.

Aujourd'hui, devant vous, abaissant sa hauteur,
Il demande à traiter par un ambassadeur.
Arons, qu'il nous députe, en ce moment s'avance;
Aux sénateurs de Rome il demande audience :
Il attend dans ce temple, et c'est à vous de voir
S'il le faut refuser, s'il le faut recevoir.

VALÉRIUS PUBLICOLA.

Quoi qu'il vienne annoncer, quoi qu'on puisse en attendre
Il le faut à son roi renvoyer sans l'entendre :
Tel est mon sentiment. Rome ne traite plus
Avec ses ennemis que quand ils sont vaincus.
Votre fils, il est vrai, vengeur de sa patrie,
A deux fois repoussé le tyran d'Étrurie;
Je sais tout ce qu'on doit à ses vaillantes mains,
Je sais qu'à votre exemple il sauva les Romains :
Mais ce n'est point assez; Rome assiégée encore,
Voit dans les champs voisins ces tyrans qu'elle abhorre.
Que Tarquin satisfasse aux ordres du sénat;
Exilé par nos lois, qu'il sorte de l'état;
De son coupable aspect qu'il purge nos frontières,
Et nous pourrons ensuite écouter ses prières.
Ce nom d'ambassadeur a paru vous frapper;
Tarquin n'a pu nous vaincre. Il cherche à nous tromper.
L'ambassadeur d'un roi m'est toujours redoutable;
Ce n'est qu'un ennemi sous un titre honorable,
Qui vient, rempli d'orgueil ou de dextérité,
Insulter ou trahir avec impunité.
Rome, n'écoute point leur séduisant langage :
Tout art t'est étranger : combattre est ton partage;
Confonds tes ennemis de ta gloire irrités;
Tombe, ou punis les rois : ce sont là les traités.

BRUTUS.

Rome sait à quel point sa liberté m'est chère :
Mais, plein du même esprit, mon sentiment diffère.
Je vois cette ambassade, au nom des souverains,
Comme un premier hommage aux citoyens romains.
Accoutumons des rois la fierté despotique
A traiter en égale avec la république ;
Attendant que, du Ciel remplissant les décrets,
Quelque jour avec elle ils traitent en sujets.
Arons vient voir ici Rome encor chancelante,
Découvrir les ressorts de sa grandeur naissante,
Épier son génie, observer son pouvoir ;
Romains, c'est pour cela qu'il le faut recevoir.
L'ennemi du sénat connaîtra qui nous sommes,
Et l'esclave d'un roi va voir enfin des hommes.
Que dans Rome à loisir il porte ses regards ;
Il la verra dans vous : vous êtes ses remparts.
Qu'il révère en ces lieux le dieu qui nous rassemble ;
Qu'il paraisse au sénat, qu'il écoute, et qu'il tremble.
(*Les sénateurs se lèvent et s'approchent un moment pour donner leurs voix.*)

VALÉRIUS PUBLICOLA.

Je vois tout le sénat passer à votre avis ;
Rome, et vous, l'ordonnez, à regret j'y souscris.
Licteurs, qu'on l'introduise ; et puisse sa présence
N'apporter en ces lieux rien dont Rome s'offense !
(*à Brutus.*)
C'est sur vous seul ici que nos yeux sont ouverts ;
C'est vous qui le premier avez rompu nos fers ;
De notre liberté soutenez la querelle ;
Brutus en est le père, et doit parler pour elle.

SCÈNE II.

LE SÉNAT, ARONS, ALBIN, SUITE.

(Arons entre par le côté du théâtre, précédé de deux licteurs et d'Albin, son confident; il passe devant les consuls et le sénat, qu'il salue; et il va s'asseoir sur un siége préparé pour lui sur le devant du théâtre.)

ARONS.

Consuls, et vous sénat, qu'il m'est doux d'être admis
Dans ce conseil sacré de sages ennemis,
De voir tous ces héros dont l'équité sévère
N'eut jusques aujourd'hui qu'un reproche à se faire;
Témoin de leurs exploits, d'admirer leurs vertus;
D'écouter Rome enfin par la voix de Brutus!
Loin des cris de ce peuple indocile et barbare,
Que la fureur conduit, réunit et sépare,
Aveugle dans sa haine, aveugle en son amour,
Qui menace et qui craint, règne et sert en un jour;
Dont l'audace...

BRUTUS.

Arrêtez, sachez qu'il faut qu'on nomme
Avec plus de respect les citoyens de Rome.
La gloire du sénat est de représenter
Ce peuple vertueux que l'on ose insulter.
Quittez l'art avec nous, quittez la flatterie;
Ce poison qu'on prépare à la cour d'Étrurie
N'est point encor connu dans le sénat romain.
Poursuivez.

ARONS.

Moins piqué d'un discours si hautain,
Que touché des malheurs où cet état s'expose,
Comme un de ses enfans j'embrasse ici sa cause.
Vous voyez quel orage éclate autour de vous;
C'est en vain que Titus en détourna les coups:
Je vois avec regret sa valeur et son zèle
N'assurer aux Romains qu'une chute plus belle.
Sa victoire affaiblit vos remparts désolés;
Du sang qui les inonde ils semblent ébranlés.
Ah! ne refusez plus une paix nécessaire:
Si du peuple romain le sénat est le père,
Porsenna l'est des rois que vous persécutez.
Mais vous, du nom romain vengeurs si redoutés,
Vous, des droits des mortels éclairés interprètes,
Vous, qui jugez les rois, regardez où vous êtes.
Voici ce Capitole et ces mêmes autels
Où jadis, attestant tous les dieux immortels,
J'ai vu chacun de vous, brûlant d'un autre zèle,
A Tarquin votre roi jurer d'être fidèle.
Quels dieux ont donc changé les droits des souverains?
Quel pouvoir a rompu des nœuds jadis si saints?
Qui du front de Tarquin ravit le diadème?
Qui peut de vos sermens vous dégager?

BRUTUS.

Lui-même.
N'alléguez point ces nœuds que le crime a rompus,
Ces dieux qu'il outragea, ces droits qu'il a perdus.
Nous avons fait, Arons, en lui rendant hommage,
Serment d'obéissance et non point d'esclavage;
Et puisqu'il vous souvient d'avoir vu dans ces lieux

Le sénat à ses pieds faisant pour lui des vœux,
Songez qu'en ce lieu même, à cet autel auguste,
Devant ces mêmes dieux il jura d'être juste.
De son peuple et de lui tel était le lien:
Il nous rend nos sermens lorsqu'il trahit le sien ;
Et dès qu'aux lois de Rome il ose être infidèle,
Rome n'est plus sujette, et lui seul est rebelle.

ARONS.

Ah ! quand il serait vrai que l'absolu pouvoir
Eût entraîné Tarquin par-delà son devoir,
Qu'il en eût trop suivi l'amorce enchanteresse,
Quel homme est sans erreur? et quel roi sans faiblesse?
Est-ce à vous de prétendre au droit de le punir ?
Vous, né tous ses sujets ; vous, faits pour obéir !
Un fils ne s'arme point contre un coupable père ;
Il détourne les yeux, le plaint, et le révère.
Les droits des souverains sont-ils moins précieux ?
Nous sommes leurs enfans; leurs juges sont les dieux.
Si le Ciel quelquefois les donne en sa colère,
N'allez pas mériter un présent plus sévère,
Trahir toutes les lois en voulant les venger,
Et renverser l'état au lieu de le changer.
Instruit par le malheur, ce grand maître de l'homme,
Tarquin sera plus juste et plus digne de Rome.
Vous pouvez raffermir, par un accord heureux,
Des peuples et des rois les légitimes nœuds,
Et faire encor fleurir la liberté publique
Sous l'ombrage sacré du pouvoir monarchique.

BRUTUS.

Arons, il n'est plus temps : chaque état a ses lois,
Qu'il tient de sa nature, ou qu'il change à son choix.

Esclaves de leurs rois, et même de leurs prêtres,
Les Toscans semblent nés pour servir sous des maîtres,
Et de leur chaîne antique adorateurs heureux,
Voudraient que l'univers fût esclave comme eux.
La Grèce entière est libre, et la molle Ionie
Sous un joug odieux languit assujettie.
Rome eut ses souverains, mais jamais absolus;
Son premier citoyen fut le grand Romulus ;
Nous partagions le poids de sa grandeur suprême.
Numa, qui fit nos lois, y fut soumis lui-même.
Rome enfin, je l'avoue, a fait un mauvais choix :
Chez les Toscans, chez vous elle a choisi ses rois;
Ils nous ont apporté du fond de l'Étrurie
Les vices de leur cour avec la tyrannie.

(*Il se lève.*)

Pardonnez-nous, grands dieux, si le peuple romain
A tardé si long-temps à condamner Tarquin !
Le sang qui regorgea sous ses mains meurtrières
De notre obéissance a rompu les barrières.
Sous un sceptre de fer tout ce peuple abattu
A force de malheurs a repris sa vertu.
Tarquin nous a remis dans nos droits légitimes ;
Le bien public est né de l'excès de ses crimes,
Et nous donnons l'exemple à ces mêmes Toscans,
S'ils pouvaient à leur tour être las des tyrans.

(*Les consuls descendent vers l'autel, et le sénat se lève.*)

O Mars, Dieu des héros, de Rome et des batailles,
Qui combats avec nous, qui défends ces murailles,
Sur ton autel sacré, Mars, reçois nos sermens
Pour ce sénat, pour moi, pour tes dignes enfans.

Si dans le sein de Rome il se trouvait un traître
Qui regrettât les rois et qui voulût un maître,
Que le perfide meure au milieu des tourmens !
Que sa cendre coupable, abandonnée aux vents,
Ne laisse ici qu'un nom plus odieux encore
Que le nom des tyrans, que Rome entière abhorre !

ARONS, *avançant vers l'autel.*

Et moi, sur cet autel qu'ainsi vous profanez,
Je jure au nom du roi que vous abandonnez,
Au nom de Porsenna, vengeur de sa querelle,
A vous, à vos enfans, une guerre immortelle.

(*Les sénateurs font un pas vers le Capitole.*)

Sénateurs, arrêtez, ne vous séparez pas ;
Je ne me suis pas plaint de tous vos attentats.
La fille de Tarquin, dans vos mains demeurée,
Est-elle une victime à Rome consacrée ?
Et donnez-vous des fers à ses royales mains
Pour mieux braver son père et tous les souverains ?
Que dis-je ! tous ces biens, ces trésors, ces richesses
Que des Tarquins dans Rome épuisaient les largesses,
Sont-ils votre conquête, ou vous sont-ils donnés ?
Est-ce pour les ravir que vous le détrônez ?
Sénat, si vous l'osez, que Brutus les dénie.

BRUTUS, *se tournant vers Arons.*

Vous connaissez bien mal et Rome et son génie.
Ces pères des Romains, vengeurs de l'équité,
Ont blanchi dans la pourpre et dans la pauvreté ;
Au-dessus des trésors, que sans peine ils vous cèdent,
Leur gloire est de dompter les rois qui les possèdent.
Prenez cet or, Arons ; il est vil à nos yeux.
Quant au malheureux sang d'un tyran odieux,

Malgré la juste horreur que j'ai pour sa famille,
Le sénat à mes soins a confié sa fille.
Elle n'a point ici de ces respects flatteurs
Qui des enfans des rois empoisonnent les cœurs;
Elle n'a point trouvé la pompe et la mollesse
Dont la cour des Tarquins enivra sa jeunesse;
Mais je sais ce qu'on doit de bontés et d'honneur
A son sexe, à son âge, et surtout au malheur.
Dès ce jour, en son camp que Tarquin la revoie;
Mon cœur même en conçoit une secrète joie:
Qu'aux tyrans désormais rien ne reste en ces lieux
Que la haine de Rome et le courroux des dieux.
Pour emporter au camp l'or qu'il faut y conduire,
Rome vous donne un jour; ce temps doit vous suffire:
Ma maison cependant est votre sûreté;
Jouissez-y des droits de l'hospitalité.
Voilà ce que par moi le sénat vous annonce.
Ce soir à Porsenna rapportez ma réponse:
Reportez-lui la guerre, et dites à Tarquin
Ce que vous avez vu dans le sénat romain.

(*Aux sénateurs.*)

Et nous, du Capitole allons orner le faîte
Des lauriers dont mon fils vient de ceindre sa tête;
Suspendons ces drapeaux et ces dards tout sanglans
Que ses heureuses mains ont ravis aux Toscans.
Ainsi puisse toujours, plein du même courage,
Mon sang, digne de vous, vous servir d'âge en âge!
Dieux, protégez ainsi contre nos ennemis
Le consulat du père et les armes du fils!

SCÈNE III.

ARONS, ALBIN,

(qui sont supposés être entrés de la salle d'audience dans un autre appartement de la maison de Brutus.)

ARONS.

As-tu bien remarqué cet orgueil inflexible,
Cet esprit d'un sénat qui se croit invincible?
Il le serait, Albin, si Rome avait le temps
D'affermir cette audace au cœur de ses enfans.
Crois-moi, la liberté, que tout mortel adore,
Que je veux leur ôter, mais que j'admire encore,
Donne à l'homme un courage, inspire une grandeur,
Qu'il n'eût jamais trouvés dans le fond de son cœur.
Sous le joug des Tarquins, la cour et l'esclavage
Amollissaient leurs mœurs, énervaient leur courage;
Leurs rois, trop occupés à dompter leurs sujets,
De nos heureux Toscans ne troublaient point la paix:
Mais si ce fier sénat réveille leur génie,
Si Rome est libre, Albin, c'est fait de l'Italie.
Ces lions, que leur maître avait rendus plus doux,
Vont reprendre leur rage et s'élancer sur nous.
Étouffons dans leur sang la semence féconde
Des maux de l'Italie et des troubles du monde;
Affranchissons la terre, et donnons aux Romains
Ces fers qu'ils destinaient au reste des humains.
Messala viendra-t-il? Pourrai-je ici l'entendre?
Osera-t-il...?

ALBIN.

Seigneur, il doit ici se rendre;
A toute heure il y vient: Titus est son appui.

ARONS.

As-tu pu lui parler? Puis-je compter sur lui?

ALBIN.

Seigneur, ou je me trompe, ou Messala conspire
Pour changer ses destins plus que ceux de l'empire:
Il est ferme, intrépide, autant que si l'honneur
Ou l'amour du pays excitait sa valeur;
Maître de son secret, et maître de lui-même,
Impénétrable, et calme en sa fureur extrême.

ARONS.

Tel autrefois dans Rome il parut à mes yeux,
Lorsque Tarquin régnant, me reçut dans ces lieux;
Et ses lettres depuis... Mais je le vois paraître.

SCÈNE IV.

ARONS, MESSALA, ALBIN.

ARONS.

Généreux Messala, l'appui de votre maître,
Eh bien! l'or de Tarquin, les présens de mon roi
Des sénateurs romains n'ont pu tenter la foi?
Les plaisirs d'une cour, l'espérance, la crainte,
A ces cœurs endurcis n'ont pu porter d'atteinte?
Ces fiers patriciens sont-ils autant de dieux,
Jugeant tous les mortels, et ne craignant rien d'eux?
Sont-ils sans passions, sans intérêt, sans vice?

MESSALA.

Ils osent s'en vanter; mais leur feinte justice,

Leur âpre austérité que rien ne peut gagner,
N'est dans ces cœurs hautains que la soif de régner;
Leur orgueil foule aux pieds l'orgueil du diadème;
Ils ont brisé le joug pour l'imposer eux-même.
De notre liberté ces illustres vengeurs,
Armés pour la défendre, en sont les oppresseurs.
Sous les noms séduisans de patrons et de pères,
Ils affectent des rois les démarches altières.
Rome a changé de fers; et, sous le joug des grands,
Pour un roi qu'elle avait, a trouvé cent tyrans.

ARONS.

Parmi vos citoyens en est-il d'assez sage
Pour détester tout bas cet indigne esclavage?

MESSALA.

Peu sentent leur état : leurs esprits égarés
De ce grand changement sont encore enivrés;
Le plus vil citoyen, dans sa bassesse extrême,
Ayant chassé les rois pense être roi lui-même.
Mais, je vous l'ai mandé, Seigneur, j'ai des amis
Qui sous ce joug nouveau sont à regret soumis;
Qui, dédaignant l'erreur des peuples imbéciles,
Dans ce torrent fougueux restent seuls immobiles;
Des mortels éprouvés, dont la tête et les bras
Sont faits pour ébranler ou changer les états.

ARONS.

De ces braves Romains que faut-il que j'espère?
Serviront-ils leur prince?

MESSALA.

Ils sont prêts à tout faire?
Tout leur sang est à vous : mais ne prétendez pas

Qu'en aveugles sujets ils servent des ingrats;
Ils ne se piquent point du devoir fanatique
De servir de victime au pouvoir despotique,
Ni du zèle insensé de courir au trépas
Pour venger un tyran qui ne les connaît pas.
Tarquin promet beaucoup, mais, devenu leur maître,
Il les oublîra tous, ou les craindra peut-être.
Je connais trop les grands : dans le malheur amis,
Ingrats dans la fortune, et bientôt ennemis :
Nous sommes de leur gloire un instrument servile,
Rejeté par dédain, dès qu'il est inutile,
Et brisé sans pitié, s'il devient dangereux.
A des conditions on peut compter sur eux :
Ils demandent un chef digne de leur courage,
Dont le nom seul impose à ce peuple volage;
Un chef assez puissant pour obliger le roi,
Même après le succès, à nous tenir sa foi;
Ou, si de nos desseins la trame est découverte
Un chef assez hardi pour venger notre perte.

ARONS.

Mais vous m'aviez écrit que l'orgueilleux Titus...

MESSALA.

Il est l'appui de Rome, il est fils de Brutus;
Cependant...

ARONS.

De quel œil voit-il les injustices
Dont ce sénat superbe a payé ses services?
Lui seul a sauvé Rome, et toute sa valeur
En vain du consulat lui mérita l'honneur;
Je sais qu'on le refuse.

MESSALA.

Et je sais qu'il murmure;
Son cœur altier et prompt est plein de cette injure;
Pour toute récompense il n'obtient qu'un vain bruit,
Qu'un triomphe frivole, un éclat qui s'enfuit.
J'observe d'assez près son âme impérieuse,
Et de son fier courroux la fougue impétueuse :
Dans le champ de la gloire il ne fait que d'entrer;
Il y marche en aveugle, on l'y peut égarer.
La bouillante jeunesse est facile à séduire :
Mais que de préjugés nous aurions à détruire!
Rome, un consul, un père, et la haine des rois,
Et l'horreur de la honte, et surtout ses exploits.
Connaissez donc Titus; voyez toute son âme,
Le courroux qui l'aigrit, le poison qui l'enflamme;
Il brûle pour Tullie.

ARONS.

Il l'aimerait?

MESSALA.

Seigneur,
A peine ai-je arraché ce secret de son cœur :
Il en rougit lui-même, et cette âme inflexible
N'ose avouer qu'elle aime, et craint d'être sensible.
Parmi les passions dont il est agité
Sa plus grande fureur est pour la liberté.

ARONS.

C'est donc des sentimens et du cœur d'un seul homme
Qu'aujourd'hui, malgré moi, dépend le sort de Rome!

(*à Albin.*)

Ne nous rebutons pas. Préparez-vous, Albin,

A vous rendre sur l'heure aux tentes de Tarquin.
(*à Messala.*)
Entrons chez la princesse. Un peu d'expérience
M'a pu du cœur humain donner quelque science :
Je lirai dans son âme, et peut-être ses mains
Vont former l'heureux piége où j'attends les Romains.

FIN DU PREMIER ACTE.

ACTE II.

SCÈNE PREMIÈRE.

(Le théâtre représente, ou est supposé représenter, un appartement du palais des consuls.)

TITUS, MESSALA.

MESSALA.

Non, c'est trop offenser ma sensible amitié;
Qui peut de son secret me cacher la moitié,
En dit trop et trop peu, m'offense et me soupçonne.

TITUS.

Va, mon cœur à ta foi tout entier s'abandonne;
Ne me reproche rien.

MESSALA.

Quoi! vous dont la douleur
Du sénat avec moi détesta la rigueur,
Qui versiez dans mon sein ce grand secret de Rome,
Ces plaintes d'un héros, ces larmes d'un grand homme!
Comment avez-vous pu dévorer si long-temps
Une douleur plus tendre et des maux plus touchans?
De vos feux devant moi vous étouffiez la flamme.
Quoi donc! l'ambition qui domine en votre âme
Éteignait-elle en vous de si chers sentimens?
Le sénat a-t-il fait vos plus cruels tourmens?
Le haïssez-vous plus que vous n'aimez Tullie?

TITUS.

Ah ! j'aime avec transport, je hais avec furie :
Je suis extrême en tout, je l'avoue, et mon cœur
Voudrait en tout se vaincre, et connaît son erreur.

MESSALA.

Et pourquoi, de vos mains déchirant vos blessures,
Déguiser votre amour, et non pas vos injures ?

TITUS.

Que veux-tu, Messala ? J'ai, malgré mon courroux,
Prodigué tout mon sang pour ce sénat jaloux :
Tu le sais, ton courage eut part à ma victoire.
Je sentais du plaisir à parler de ma gloire ;
Mon cœur, enorgueilli du succès de mon bras,
Trouvait de la grandeur à venger des ingrats ;
On confie aisément des malheurs qu'on surmonte :
Mais qu'il est accablant de parler de sa honte !

MESSALA.

Quelle est donc cette honte et ce grand repentir ?
Et de quels sentimens auriez-vous à rougir ?

TITUS.

Je rougis de moi-même et d'un feu téméraire,
Inutile, imprudent, à mon devoir contraire.

MESSALA.

Quoi donc ! l'ambition, l'amour et ses fureurs,
Sont-ce des passions indignes des grands cœurs ?

TITUS.

L'ambition, l'amour, le dépit, tout m'accable ;
De ce conseil de rois l'orgueil insupportable
Méprise ma jeunesse et me refuse un rang
Brigué par ma valeur et payé par mon sang
Au milieu du dépit dont mon âme est saisie,

Je perds tout ce que j'aime, on m'enlève Tullie.
On te l'enlève, hélas! trop aveugle courroux!
Tu n'osais y prétendre, et ton cœur est jaloux.
Je l'avoûrai, ce feu, que j'avais su contraindre,
S'irrite en s'échappant, et ne peut plus s'éteindre.
Ami; c'en était fait, elle partait; mon cœur
De sa funeste flamme allait être vainqueur:
Je rentrais dans mes droits, je sortais d'esclavage.
Le Ciel a-t-il marqué ce terme à mon courage?
Moi, le fils de Brutus, moi, l'ennemi des rois,
C'est du sang de Tarquin que j'attendrais des lois!
Elle refuse encor de m'en donner, l'ingrate!
Et partout dédaigné, partout ma honte éclate.
Le dépit, la vengeance, et la honte, et l'amour,
De mes sens soulevés disposent tour à tour.

MESSALA.

Puis-je ici vous parler, mais avec confiance?

TITUS.

Toujours de tes conseils j'ai chéri la prudence.
Eh bien! fais-moi rougir de mes égaremens.

MESSALA.

J'approuve et votre amour et vos ressentimens.
Faudra-t-il donc toujours que Titus autorise
Ce sénat de tyrans dont l'orgueil nous maîtrise?
Non; s'il vous faut rougir, rougissez en ce jour
De votre patience et non de votre amour.
Quoi! pour prix de vos feux et de tant de vaillance,
Citoyen sans pouvoir, amant sans espérance,
Je vous verrais languir, victime de l'état,
Oublié de Tullie et bravé du sénat?

Ah ! peut-être, Seigneur, un cœur tel que le vôtre
Aurait pu gagner l'une, et se venger de l'autre.

TITUS.

De quoi viens-tu flatter mon esprit éperdu ?
Moi, j'aurais pu fléchir sa haine ou sa vertu !
N'en parlons plus : tu vois les fatales barrières
Qu'élèvent entre nous nos devoirs et nos pères :
Sa haine désormais égale mon amour.
Elle va donc partir ?

MESSALA.

Oui, Seigneur, dès ce jour.

TITUS.

Je n'en murmure point. Le Ciel lui rend justice ;
Il la fit pour régner.

MESSALA.

Ah ! ce Ciel plus propice
Lui destinait peut-être un empire plus doux ;
Et sans ce fier sénat, sans la guerre, sans vous...
Pardonnez : vous savez quel est son héritage ;
Son frère ne vit plus, Rome était son partage.
Je m'emporte, Seigneur ; mais si pour vous servir,
Si pour vous rendre heureux il ne faut que périr ;
Si mon sang...

TITUS.

Non, ami, mon devoir est le maître.
Non, crois-moi, l'homme est libre au moment qu'il veut l'être.
Je l'avoue, il est vrai, ce dangereux poison
A pour quelques momens égaré ma raison ;
Mais le cœur d'un soldat sait dompter la mollesse ;
Et l'amour n'est puissant que par notre faiblesse.

MESSALA.

Vous voyez des Toscans venir l'ambassadeur;
Cet honneur qu'il vous rend...

TITUS.

Ah, quel funeste honneur!
Que me veut-il? C'est lui qui m'enlève Tullie;
C'est lui qui met le comble au malheur de ma vie.

SCÈNE II.

TITUS, ARONS.

ARONS.

Après avoir en vain près de votre sénat
Tenté ce que j'ai pu pour sauver cet état,
Souffrez qu'à la vertu rendant un juste hommage
J'admire en liberté ce généreux courage,
Ce bras qui venge Rome, et soutient son pays
Au bord du précipice où le sénat l'a mis.
Ah! que vous étiez digne et d'un prix plus auguste,
Et d'un autre adversaire, et d'un parti plus juste!
Et que ce grand courage, ailleurs mieux employé,
D'un plus digne salaire aurait été payé!
Il est, il est des rois, j'ose ici vous le dire,
Qui mettraient en vos mains le sort de leur empire,
Sans craindre ces vertus qu'ils admirent en vous,
Dont j'ai vu Rome éprise et le sénat jaloux.
Je vous plains de servir sous ce maître farouche,
Que le mérite aigrit, qu'aucun bienfait ne touche;
Qui, né pour obéir, se fait un lâche honneur
D'appesantir sa main sur son libérateur;
Lui qui, s'il n'usurpait les droits de la couronne,

Devrait prendre de vous les ordres qu'il vous donne.

TITUS.

Je rends grâce à vos soins, Seigneur, et mes soupçons
De vos bontés pour moi respectent les raisons.
Je n'examine point si votre politique
Pense armer mes chagrins contre ma république,
Et porter mon dépit, avec un art si doux,
Aux indiscrétions qui suivent le courroux.
Perdez moins d'artifice à tromper ma franchise;
Ce cœur est tout ouvert, et n'a rien qu'il déguise.
Outragé du sénat, j'ai droit de le haïr;
Je le hais : mais mon bras est prêt à le servir.
Quand la cause commune au combat nous appelle,
Rome au cœur de ses fils éteint toute querelle;
Vainqueurs de nos débats, nous marchons réunis;
Et nous ne connaissons que vous pour ennemis.
Voilà ce que je suis, et ce que je veux être.
Soit grandeur, soit vertu, soit préjugé peut-être,
Né parmi les Romains je périrai pour eux :
J'aime encor mieux, Seigneur, ce sénat rigoureux,
Tout injuste pour moi, tout jaloux qu'il peut être,
Que l'éclat d'une cour et le sceptre d'un maître.
Je suis fils de Brutus, et je porte en mon cœur
La liberté gravée, et les rois en horreur.

ARONS.

Ne vous flattez-vous point d'un charme imaginaire?
Seigneur, ainsi qu'à vous la liberté m'est chère:
Quoique né sous un roi, j'en goûte les appas;
Vous vous perdez pour elle, et n'en jouissez pas.
Est-il donc, entre nous rien de plus despotique
Que l'esprit d'un état qui passe en république?

Vos lois sont vos tyrans; leur barbare rigueur
Devient sourde au mérite, au sang, à la faveur:
Le sénat vous opprime, et le peuple vous brave;
Il faut s'en faire craindre, ou ramper leur esclave.
Le citoyen de Rome, insolent ou jaloux,
Ou hait votre grandeur, ou marche égale à vous.
Trop d'éclat l'effarouche; il voit d'un œil sévère,
Dans le bien qu'on lui fait le mal qu'on lui peut faire;
Et d'un bannissement le décret odieux
Devient le prix du sang qu'on a versé pour eux.
Je sais bien que la cour, Seigneur, a ses naufrages
Mais ses jours sont plus beaux, son ciel a moins d'orages.
Souvent la liberté, dont on se vante ailleurs,
Étale auprès d'un roi ses dons les plus flatteurs;
Il récompense, il aime, il prévient les services:
La gloire auprès de lui ne fuit point les délices.
Aimé du souverain, de ses rayons couvert,
Vous ne servez qu'un maître, et le reste vous sert.
Ébloui d'un éclat qu'il respecte et qu'il aime,
Le vulgaire applaudit jusqu'à nos fautes même;
Nous ne redoutons rien d'un sénat trop jaloux;
Et les sévères lois se taisent devant nous.
Ah! que, né pour la cour, ainsi que pour les armes,
Des faveurs de Tarquin vous goûteriez les charmes!
Je vous l'ai déjà dit, il vous aimait, Seigneur;
Il aurait avec vous partagé sa grandeur:
Du sénat à vos pieds la fierté prosternée
Aurait...

TITUS.

J'ai vu sa cour, et je l'ai dédaignée.
Je pourrais, il est vrai, mendier son appui,

Et, son premier esclave, être tyran sous lui.
Grâce au Ciel, je n'ai point cette indigne faiblesse;
Je veux de la grandeur, et la veux sans bassesse :
Je sens que mon destin n'était point d'obéir;
Je combattrai vos rois; retournez les servir.

ARONS.

Je ne puis qu'approuver cet excès de constance;
Mais songez que lui-même éleva votre enfance.
Il s'en souvient toujours : hier encor, Seigneur,
En pleurant avec moi son fils et son malheur,
Titus, me disait-il, soutiendrait ma famille,
Et lui seul méritait mon empire et ma fille.

TITUS, *en se détournant.*

Sa fille! dieux! Tullie! O vœux infortunés!

ARONS, *en regardant Titus.*

Je la ramène au roi que vous abandonnez;
Elle va, loin de vous et loin de sa patrie,
Accepter pour époux le roi de Ligurie :
Vous cependant ici servez votre sénat,
Persécutez son père, opprimez son état.
J'espère que bientôt ces voûtes embrasées,
Ce Capitole en cendre, et ces tours écrasées,
Du sénat et du peuple éclairant les tombeaux,
A cet hymen heureux vont servir de flambeaux.

SCÈNE III.

TITUS, MESSALA.

TITUS.

Ah! mon cher Messala, dans quel trouble il me laisse!
Tarquin me l'eût donnée! ô douleur qui me presse!

Moi, j'aurais pu!... mais non, ministre dangereux,
Tu venais épier le secret de mes feux.
Hélas! en me voyant se peut-il qu'on l'ignore?
Il a lu dans mes yeux l'ardeur qui me dévore.
Certain de ma faiblesse, il retourne à sa cour
Insulter aux projets d'un téméraire amour.
J'aurais pu l'épouser, lui consacrer ma vie!
Le Ciel à mes désirs eût destiné Tullie!
Malheureux que je suis!

MESSALA.

Vous pourriez être heureux;
Arons pourrait servir vos légitimes feux.
Croyez-moi.

TITUS.

Bannissons un espoir si frivole:
Rome entière m'appelle aux murs du Capitole;
Le peuple rassemblé sous ces arcs triomphaux,
Tout chargés de ma gloire et pleins de mes travaux,
M'attend pour commencer les sermens redoutables
De notre liberté garans inviolables.

MESSALA.

Allez servir ces rois.

TITUS.

Oui, je les veux servir;
Oui, tel est mon devoir, et je le veux remplir.

MESSALA.

Vous gémissez pourtant!

TITUS.

Ma victoire est cruelle.

MESSALA.

Vous l'achetez trop cher.

TITUS.

Elle en sera plus belle.
Ne m'abandonne point dans l'état où je suis.

MESSALA.

Allons, suivons ses pas; aigrissons ses ennuis;
Enfonçons dans son cœur le trait qui le déchire.

SCÈNE IV.

BRUTUS, MESSALA.

BRUTUS.

Arrêtez, Messala; j'ai deux mots à vous dire.

MESSALA.

A moi, Seigneur?

BRUTUS.

A vous. Un funeste poison
Se répand en secret sur toute ma maison.
Tibérinus, mon fils, aigri contre son frère,
Laisse éclater déjà sa jalouse colère;
Et Titus, animé d'un autre emportement,
Suit contre le sénat son fier ressentiment.
L'ambassadeur toscan, témoin de leur faiblesse,
En profite avec joie autant qu'avec adresse;
Il leur parle, et je crains les discours séduisans
D'un ministre vieilli dans l'art des courtisans.
Il devait dès demain retourner vers son maître;
Mais un jour quelquefois est beaucoup pour un traître.
Messala, je prétends ne rien craindre de lui;
Allez lui commander de partir aujourd'hui:
Je le veux.

MESSALA.

C'est agir sans doute avec prudence,
Et vous serez content de mon obéissance.

BRUTUS.

Ce n'est pas tout : mon fils avec vous est lié;
Je sais sur son esprit ce que peut l'amitié.
Comme sans artifices, il est sans défiance :
Sa jeunesse est livrée à votre expérience.
Plus il se fie à vous, plus je dois espérer
Qu'habile à le conduire, et non à l'égarer,
Vous ne voudrez jamais, abusant de son âge,
Tirer de ses erreurs un indigne avantage,
Le rendre ambitieux, et corrompre son cœur.

MESSALA.

C'est de quoi dans l'instant je lui parlais, Seigneur.
Il sait vous imiter, servir Rome et lui plaire;
Il aime aveuglément sa patrie et son père.

BRUTUS.

Il le doit : mais surtout il doit aimer les lois;
Il doit en être esclave, en porter tout le poids.
Qui veut les violer n'aime point sa patrie.

MESSALA.

Nous avons vu tous deux si son bras l'a servie.

BRUTUS.

Il a fait son devoir.

MESSALA.

Et Rome eût fait le sien
En rendant plus d'honneur à ce cher citoyen.

BRUTUS.

Non, non : le consulat n'est point fait pour son âge;
J'ai moi-même à mon fils refusé mon suffrage.

Croyez-moi, le succès de son ambition
Serait le premier pas vers la corruption :
Le prix de la vertu serait héréditaire.
Bientôt l'indigne fils du plus vertueux père,
Trop assuré d'un rang d'autant moins mérité,
L'attendrait dans le luxe et dans l'oisiveté ;
Le dernier des Tarquins en est la preuve insigne.
Qui naquit dans la pourpre en est rarement digne.
Nous préservent les cieux d'un si funeste abus,
Berceau de la mollesse et tombeau des vertus !
Si vous aimez mon fils, je me plais à le croire,
Représentez-lui mieux sa véritable gloire ;
Étouffez dans son cœur un orgueil insensé :
C'est en servant l'état qu'il est récompensé.
De toutes les vertus mon fils doit un exemple :
C'est l'appui des Romains que dans lui je contemple ;
Plus il a fait pour eux, plus j'exige aujourd'hui.
Connaissez à mes vœux l'amour que j'ai pour lui ;
Tempérez cette ardeur de l'esprit d'un jeune homme :
Le flatter, c'est le perdre, et c'est outrager Rome.

MESSALA.

Je me bornais, Seigneur, à le suivre aux combats ;
J'imitais sa valeur ; et ne l'instruisais pas.
J'ai peu d'autorité ; mais, s'il daigne me croire,
Rome verra bientôt comme il chérit la gloire.

BRUTUS.

Allez donc, et jamais n'encensez ses erreurs ;
Si je hais les tyrans, je hais plus les flatteurs.

SCÈNE V.

MESSALA.

Il n'est point de tyran plus dur, plus haïssable
Que la sévérité de ton cœur intraitable.
Va ; je verrai peut-être à mes pieds abattu
Cet orgueil insultant de ta fausse vertu.
Colosse, qu'un vil peuple éleva sur nos têtes,
Je pourrai t'écraser, et les foudres sont prêtes.

FIN DU SECOND ACTE.

ACTE III.

SCÈNE PREMIÈRE.

ARONS, ALBIN, MESSALA.

ARONS, *une lettre à la main.*

Je commence à goûter une juste espérance;
Vous m'avez bien servi par tant de diligence.
Tout succède à mes vœux. Oui, cette lettre, Albin,
Contient le sort de Rome et celui de Tarquin.
Avez-vous dans le camp réglé l'heure fatale?
A-t-on bien observé la porte Quirinale?
L'assaut sera-t-il prêt, si par nos conjurés
Les remparts cette nuit ne nous sont point livrés?
Tarquin est-il content? crois-tu qu'on l'introduise
Ou dans Rome sanglante, ou dans Rome soumise?

ALBIN.

Tout sera prêt, Seigneur, au milieu de la nuit
Tarquin de vos projets goûte déjà le fruit;
Il pense de vos mains tenir son diadème;
Il vous doit, a-t-il dit, plus qu'à Porsenna même.

ARONS.

Ou les dieux, ennemis d'un prince malheureux,
Confondront des desseins si grands, si dignes d'eux;
Ou demain sous ses rois Rome sera rangée;
Rome en cendres peut-être, et dans son sang plongée.

Mais il vaut mieux qu'un roi, sur le trône remis,
Commande à des sujets malheureux et soumis,
Que d'avoir à dompter, au sein de l'abondance,
D'un peuple trop heureux l'indocile arrogance.
(*à Albin.*)
Allez; j'attends ici la princesse en secret.
(*à Messala.*)
Messala, demeurez.

SCÈNE II.

ARONS, MESSALA.

ARONS.

Eh bien! qu'avez-vous fait?
Avez-vous de Titus fléchi le fier courage?
Dans le parti des rois pensez-vous qu'il s'engage?

MESSALA.

Je vous l'avais prédit; l'inflexible Titus
Aime trop sa patrie, et tient trop de Brutus.
Il se plaint du sénat; il brûle pour Tullie;
L'orgueil, l'ambition, l'amour, la jalousie,
Le feu de son jeune âge et de ses passions,
Semblaient ouvrir son âme à mes séductions.
Cependant, qui l'eût cru? la liberté l'emporte;
Son amour est au comble, et Rome est la plus forte
J'ai tenté par degrés d'effacer cette horreur
Que pour le nom de roi Rome imprime en son cœur
En vain j'ai combattu ce préjugé sévère;
Le seul nom des Tarquins irritait sa colère;
De son entretien même il m'a soudain privé;
Et je hasardais trop si j'avais achevé.

ARONS.

Ainsi de le fléchir Messala désespère.

MESSALA.

J'ai trouvé moins d'obstacle à vous donner son frère,
Et j'ai du moins séduit un des fils de Brutus?

ARONS.

Quoi! vous auriez déjà gagné Tibérinus?
Par quels ressorts secrets, par quelle heureuse intrigue?

MESSALA.

Son ambition seule a fait toute ma brigue.
Avec un œil jaloux il voit depuis long-temps,
De son frère et de lui les honneurs différens;
Ces drapeaux suspendus à ces voûtes fatales,
Ces festons de lauriers, ces pompes triomphales,
Tous les cœurs des Romains et celui de Brutus
Dans ces solennités volant devant Titus,
Sont pour lui des affronts qui, dans son âme aigrie,
Échauffent le poison de sa secrète envie.
Et cependant Titus, sans haine et sans courroux,
Trop au-dessus de lui pour en être jaloux,
Lui tend encor la main de son char de victoire,
Et semble en l'embrassant l'accabler de sa gloire.
J'ai saisi ces momens; j'ai su peindre à ses yeux
Dans une cour brillante un rang plus glorieux;
J'ai pressé, j'ai promis, au nom de Tarquin même,
Tous les honneurs de Rome après le rang suprême:
Je l'ai vu s'éblouir, je l'ai vu s'ébranler;
Il est à vous, Seigneur, et cherche à vous parler.

ARONS.

Pourra-t-il nous livrer la porte Quirinale?

MESSALA.

Titus seul y commande, et sa vertu fatale
N'a que trop arrêté le cours de vos destins;
C'est un dieu qui préside au salut des Romains.
Gardez de hasarder cette attaque soudaine,
Sûre avec son appui, sans lui trop incertaine.

ARONS.

Mais si du consulat il a brigué l'honneur,
Pourrait-il dédaigner la suprême grandeur;
Et Tullie, et le trône, offerts à son courage?

MESSALA.

Le trône est un affront à sa vertu sauvage.

ARONS.

Mais il aime Tullie.

MESSALA.

Il l'adore, Seigneur;
Il l'aime d'autant plus qu'il combat son ardeur.
Il brûle pour la fille en détestant le père;
Il craint de lui parler, il gémit de se taire;
Il la cherche, il la fuit, il dévore ses pleurs;
Et de l'amour encore il n'a que les fureurs.
Dans l'agitation d'un si cruel orage,
Un moment quelquefois renverse un grand courage.
Je sais quel est Titus : ardent, impétueux,
S'il se rend, il ira plus loin que je ne veux.
La fière ambition qu'il renferme dans l'âme
Au flambeau de l'amour peut rallumer sa flamme.
Avec plaisir sans doute il verrait à ses pieds
Des sénateurs tremblans les fronts humiliés :
Mais je vous tromperais, si j'osais vous promettre
Qu'à cet amour fatal il veuille se soumettre,

Je peux parler encore, et je vais aujourd'hui...

ARONS.

Puisqu'il est amoureux, je compte encor sur lui.
Un regard de Tullie, un seul mot de sa bouche
Peut plus pour amollir cette vertu farouche
Que les subtils détours et tout l'art séducteur
D'un chef de conjurés et d'un ambassadeur.
N'espérons des humains rien que par leur faiblesse.
L'ambition de l'un, de l'autre la tendresse,
Voilà les conjurés qui serviront mon roi;
C'est d'eux que j'attends tout: ils sont plus forts que moi.

(*Tullie entre. Messala se retire.*)

SCÈNE III.

TULLIE, ARONS, ALGINE.

ARONS.

Madame, en ce moment je reçois cette lettre
Qu'en vos augustes mains mon ordre est de remettre,
Et que jusqu'en la mienne a fait passer Tarquin.

TULLIE.

Dieux! protégez mon père, et changez son destin!

(*Elle lit.*)

« Le trône des Romains peut sortir de sa cendre :
« Le vainqueur de son roi peut en être l'appui :
« Titus est un héros; c'est à lui de défendre
« Un sceptre que je veux partager avec lui.
« Vous, songez que Tarquin vous a donné la vie;
« Songez que mon destin va dépendre de vous.
« Vous pourriez refuser le roi de Ligurie;
« Si Titus vous est cher, il sera votre époux. »

Ai-je bien lu?.. Titus?.. Seigneur .. est-il possible?
Tarquin, dans ses malheurs jusqu'alors inflexible,
Pourrait..? mais d'où sait-il..? et comment..? Ah Seigneur
Ne veut-on qu'arracher les secrets de mon cœur?
Épargnez les chagrins d'une triste princesse;
Ne tendez point de piége à ma faible jeunesse.

ARONS.

Non, Madame, à Tarquin je ne sais qu'obéir,
Écouter mon devoir, me taire, et vous servir;
Il ne m'appartient point de chercher à comprendre
Des secrets qu'en mon sein vous craignez de répandre.
Je ne veux point lever un œil présomptueux
Vers le voile sacré que vous jetez sur eux;
Mon devoir seulement m'ordonne de vous dire
Que le Ciel veut par vous relever cet empire,
Que ce trône est un prix qu'il met à vos vertus.

TULLIE.

Je servirais mon père, et serais à Titus!
Seigneur, il se pourrait...

ARONS.

N'en doutez point, princesse,
Pour le sang de ses rois ce héros s'intéresse.
De ces républicains la triste austérité
De son cœur généreux révolte la fierté;
Les refus du sénat ont aigri son courage:
Il penche vers son prince: achevez cet ouvrage.
Je n'ai point dans son cœur prétendu pénétrer;
Mais puisqu'il vous connait, il vous doit adorer.
Quel œil, sans s'éblouir, peut voir un diadème
Présenté par vos mains, embelli par vous même?
Parlez-lui seulement, vous pourrez tout sur lui;

De l'ennemi des rois triomphez aujourd'hui;
Arrachez au sénat, rendez à votre père
Ce grand appui de Rome et son dieu tutélaire;
Et méritez l'honneur d'avoir entre vos mains
Et la cause d'un père, et le sort des Romains.

SCÈNE IV.

TULLIE, ALGINE.

TULLIE.

Ciel! que je dois d'encens à ta bonté propice!
Mes pleurs t'ont désarmé, tout change; et ta justice,
Aux feux dont j'ai rougi rendant leur pureté,
En les récompensant, les met en liberté.

(*à Algine.*)

Va le chercher, va, cours. Dieux! il m'évite encore!
Faut-il qu'il soit heureux, hélas! et qu'il l'ignore?
Mais... n'écouté-je point un espoir trop flatteur?
Titus pour le sénat a-t-il donc tant d'horreur?
Que dis-je? hélas! devrais-je au dépit qui le presse
Ce que j'aurais voulu devoir à sa tendresse?

ALGINE.

Je sais que le sénat alluma son courroux
Qu'il est ambitieux, et qu'il brûle pour vous.

TULLIE.

Il fera tout pour moi, n'en doute point: il m'aime.
Va, dis-je ..

(*Algine sort.*)

Cependant ce changement extrême...
Ce billet!... De quels soins mon cœur est combattu!
Éclatez, mon amour, ainsi que ma vertu!

La gloire, la raison, le devoir, tout l'ordonne.
Quoi! mon père à mes feux va devoir sa couronne!
De Titus et de lui je serai le lien!
Le bonheur de l'état va donc naître du mien!
Toi que je peux aimer, quand pourrai-je t'apprendre
Ce changement du sort où nous n'osions prétendre?
Quand pourrai-je, Titus, dans mes justes transports,
T'entendre sans regrets, te parler sans remords?
Tous mes maux sont finis: Rome, je te pardonne,
Rome, tu vas servir, si Titus t'abandonne;
Sénat, tu vas tomber, si Titus est à moi:
Ton héros m'aime; tremble, et reconnais ton roi.

SCÈNE V.

TITUS, TULLIE.

TITUS.

Madame, est-il bien vrai? daignez-vous voir encore
Cet odieux Romain que votre cœur abhorre,
Si justement haï, si coupable envers vous,
Cet ennemi?

TULLIE.

Seigneur, tout est changé pour nous.
Le destin me permet... Titus .. il faut me dire
Si j'avais sur votre âme un véritable empire.

TITUS.

Eh! pouvez-vous douter de ce fatal pouvoir,
De mes feux, de mon crime et de mon désespoir?
Vous ne l'avez que trop cet empire funeste:
L'amour vous a soumis mes jours, que je déteste;

Commandez, épuisez votre juste courroux;
Mon sort est en vos mains.

TULLIE.

Le mien dépend de vous.

TITUS.

De moi! Titus tremblant ne vous en croit qu'à peine;
Moi, je ne serais plus l'objet de votre haine!
Ah! princesse, achevez; quel espoir enchanteur
M'élève en un moment au faîte du bonheur!

TULLIE, *en donnant la lettre.*

Lisez, rendez heureux, vous, Tullie, et mon père.
(*Tandis qu'il lit.*)
Je puis donc me flatter... Mais quel regard sévère!
D'où vient ce morne accueil, et ce front consterné?
Dieux!...

TITUS.

Je suis des mortels le plus infortuné!
Le sort, dont la rigueur à m'accabler s'attache,
M'a montré mon bonheur et soudain me l'arrache;
Et, pour combler les maux que mon cœur a soufferts,
Je puis vous posséder, je vous aime, et vous perds.

TULLIE.

Vous, Titus?

TITUS.

Ce moment a condamné ma vie
Au comble des horreurs ou de l'ignominie,
A trahir Rome ou vous; et je n'ai désormais
Que le choix des malheurs ou celui des forfaits.

TULLIE.

Que dis-tu? quand ma main te donne un diadème,
Quand tu peux m'obtenir, quand tu vois que je t'aime!

Je ne m'en cache plus ; un trop juste pouvoir,
Autorisant mes vœux, m'en a fait un devoir.
Hélas! j'ai cru ce jour le plus beau de ma vie;
Et le premier moment où mon âme ravie
Peut de ses sentimens s'expliquer sans rougir,
Ingrat, est le moment qu'il m'en faut repentir!
Que m'oses-tu parler de malheur et de crime!
Ah ! servir des ingrats contre un roi légitime,
M'opprimer, me chérir, détester mes bienfaits;
Ce sont là mes malheurs, et voilà tes forfaits.
Ouvre les yeux, Titus, et mets dans la balance
Les refus du sénat, et la toute-puissance.
Choisis de recevoir ou de donner la loi,
D'un vil peuple ou d'un trône, et de Rome ou de moi.
Inspirez-lui, grands dieux! le parti qu'il doit prendre.

TITUS, *en lui rendant la lettre.*

Mon choix est fait.

TULLIE

Eh bien ! crains-tu de me l'apprendre?
Parle, ose mériter ta grâce ou mon courroux.
Quel sera ton destin?..

TITUS.

D'être digne de vous,
Digne encor de moi-même, à Rome encor fidèle;
Brûlant d'amour pour vous, de combattre pour elle;
D'adorer vos vertus, mais de les imiter;
De vous perdre, Madame, et de vous mériter.

TULLIE.

Ainsi donc pour jamais..

TITUS.

Ah ! pardonnez, princesse:

Oubliez ma fureur, épargnez ma faiblesse;
Ayez pitié d'un cœur de soi-même ennemi,
Moins malheureux cent fois quand vous l'avez haï.
Pardonnez, je ne puis vous quitter ni vous suivre :
Ni pour vous, ni sans vous, Titus ne saurait vivre;
Et je mourrai plutôt qu'un autre ait votre foi.

TULLIE.

Je te pardonne tout, elle est encore à toi.

TITUS.

Eh bien! si vous m'aimez, ayez l'âme romaine,
Aimez ma république, et soyez plus que reine;
Apportez-moi pour dot, au lieu du rang des rois,
L'amour de mon pays, et l'amour de mes lois.
Acceptez aujourd'hui Rome pour votre mère,
Son vengeur pour époux, Brutus pour votre père :
Que les Romains, vaincus en générosité,
A la fille des rois doivent leur liberté.

TULLIE.

Qui? moi, j'irai trahir...?

TITUS.

Mon désespoir m'égare :
Non, toute trahison est indigne et barbare.
Je sais ce qu'est un père, et ses droits absolus;
Je sais... que je vous aime... et ne me connais plus.

TULLIE.

Écoute au moins ce sang qui m'a donné la vie.

TITUS.

Eh! dois-je écouter moins mon sang et ma patrie?

TULLIE.

Ta patrie! ah! barbare! en est-il donc sans moi?

TITUS.

Nous sommes ennemis.... La nature, la loi
Nous impose à tous deux un devoir si farouche.

TULLIE.

Nous ennemis! ce nom peut sortir de ta bouche!

TITUS.

Tout mon cœur la dément.

TULLIE.

Ose donc me servir;
Tu m'aimes, venge-moi.

SCÈNE VI.

BRUTUS, ARONS, TITUS, TULLIE, MESSALA, ALBIN, PROCULUS, LICTEURS.

BRUTUS, *à Tullie.*

Madame, il faut partir.
Dans les premiers éclats des tempêtes publiques
Rome n'a pu vous rendre à vos dieux domestiques;
Tarquin même en ce temps, prompt à vous oublier,
Et du soin de nous perdre occupé tout entier,
Dans nos calamités confondant sa famille,
N'a pas même aux Romains redemandé sa fille.
Souffrez que je rappelle un triste souvenir:
Je vous privai d'un père, et dus vous en servir.
Allez, et que du trône où le Ciel vous appelle,
L'inflexible équité soit la garde éternelle.
Pour qu'on vous obéisse, obéissez aux lois;
Tremblez en contemplant tout le devoir des rois;
Et si de vos flatteurs la funeste malice

ımais dans votre cœur ébranlait la justice;
rête alors d'abuser du pouvoir souverain,
ouvenez-vous de Rome, et songez à Tarquin:
t que ce grand exemple, où mon espoir se fonde,
oit la leçon des rois et le bonheur du monde.

(*à Arons.*)

e sénat vous la rend, Seigneur; et c'est à vous
e la remettre aux mains d'un père et d'un époux.
roculus va vous suivre à la porte sacrée.

TITUS, *éloigné.*

de ma passion fureur désespérée!

(*il va vers Arons.*)

e ne souffrirai point, non... permettez, Seigneur...

(*Brutus et Tullie sortent avec leur suite.*)

(*Arons et Messala restent.*)

)ieux! ne mourrai-je point de honte et de douleur?

(*à Arons.*)

'ourrai-je vous parler?

ARONS.

Seigneur, le temps me presse,
ı me faut suivre ici Brutus et la princesse;
e puis d'une heure encor retarder son départ;
:raignez, Seigneur, craignez de me parler trop tard.
)ans son appartement nous pouvons l'un et l'autre
'arler de ses destins, et peut-être du vôtre.

(*Il sort.*)

SCÈNE VII.

TITUS, MESSALA.

TITUS.

Sort qui nous as rejoints, et qui nous désunis!
Sort, ne nous as-tu faits que pour être ennemis?
Ah! cache, si tu peux, ta fureur et tes larmes.

MESSALA.

Je plains tant de vertus, tant d'amour et de charme
Un cœur tel que le sien méritait d'être à vous.

TITUS.

Non, c'en est fait; Titus n'en sera point l'époux.

MESSALA.

Pourquoi? Quel vain scrupule à vos désirs s'oppose

TITUS.

Abominables lois que la cruelle impose!
Tyrans que j'ai vaincus, je pourrais vous servir!
Peuples que j'ai sauvés, je pourrais vous trahir!
L'amour, dont j'ai six mois vaincu la violence,
L'amour aurait sur moi cette affreuse puissance!
J'exposerais mon père à ses tyrans cruels!
Et quel père? un héros, l'exemple des mortels,
L'appui de son pays, qui m'instruisit à l'être,
Que j'imitai, qu'un jour j'eusse égalé peut-être.
Après tant de vertus quel horrible destin!

MESSALA.

Vous eûtes les vertus d'un citoyen romain;
Il ne tiendra qu'à vous d'avoir celles d'un maître
Seigneur, vous serez roi dès que vous voudrez l'êtr

Le Ciel met dans vos mains, en ce moment heureux,
La vengeance, l'empire et l'objet de vos feux.
Que dis-je? ce consul, ce héros que l'on nomme
Le père, le soutien, le fondateur de Rome,
Qui s'enivre à vos yeux de l'encens des humains
Sur les débris d'un trône écrasé par vos mains,
S'il eût mal soutenu cette grande querelle,
S'il n'eût vaincu par vous, il n'était qu'un rebelle.
Seigneur, embellissez ce grand nom de vainqueur
Du nom plus glorieux de pacificateur;
Daignez nous ramener ces jours où nos ancêtres
Heureux, mais gouvernés, libres, mais sous des maîtres,
Pesaient dans la balance, avec un même poids,
Les intérêts du peuple et la grandeur des rois.
Rome n'a point pour eux une haine immortelle;
Rome va les aimer si vous régnez sur elle.
Ce pouvoir souverain que j'ai vu tour à tour
Attirer de ce peuple et la haine et l'amour,
Qu'on craint en des états, et qu'ailleurs on désire,
Est des gouvernemens le meilleur ou le pire:
Affreux sous un tyran, divin sous un bon roi.

TITUS.

Messala, songez-vous que vous parlez à moi?
Que désormais en vous je ne vois plus qu'un traître,
Et qu'en vous épargnant je commence de l'être?

MESSALA.

Eh bien! apprenez donc que l'on va vous ravir
L'inestimable honneur dont vous n'osez jouir;
Qu'un autre accomplira ce que vous pouviez faire.

TITUS.

Un autre! arrête; dieux! parle... qui?

MESSALA.

Votre frère.

TITUS.

Mon frère?

MESSALA.

A Tarquin même il a donné sa foi.

TITUS.

Mon frère trahit Rome?

MESSALA.

Il sert Rome et son roi.
Et Tarquin, malgré vous, n'acceptera pour gendre
Que celui des Romains qui l'aura pu défendre.

TITUS.

Ciel!..perfide!..écoutez : mon cœur long-temps séduit
A méconnu l'abîme où vous m'avez conduit.
Vous pensez me réduire au malheur nécessaire
D'être ou le délateur, ou complice d'un frère :
Mais plutôt votre sang...

MESSALA.

Vous pouvez m'en punir;
Frappez, je le mérite en voulant vous servir :
Du sang de votre ami que cette main fumante
Y joigne encor le sang d'un frère et d'une amante;
Et, leur tête à la main, demandez au sénat,
Pour prix de vos vertus, l'honneur du consulat;
Ou moi-même à l'instant, déclarant les complices,
Je m'en vais commencer ces affreux sacrifices.

TITUS.

Demeure, malheureux, ou crains mon désespoir.

SCÈNE VIII.

TITUS, MESSALA, ALBIN.

ALBIN.

L'ambassadeur toscan peut maintenant vous voir;
Il est chez la princesse.

TITUS.

... Oui, je vais chez Tullie...
J'y cours. O dieux de Rome! O dieux de ma patrie!
Frappez, percez ce cœur de sa honte alarmé,
Qui serait vertueux, s'il n'avait point aimé.
C'est donc à vous, sénat, que tant d'amour s'immole?
A vous, ingrats!... Allons...

(*à Messala.*)

Tu vois ce Capitole
Tout plein des monumens de ma fidélité.

MESSALA.

Songez qu'il est rempli d'un sénat détesté.

TITUS.

Je le sais. Mais... du Ciel qui tonne sur ma tête
J'entends la voix qui crie : Arrête, ingrat, arrête!
Tu trahis ton pays... Non, Rome! non, Brutus!
Dieux qui me secourez, je suis encor Titus.
La gloire a de mes jours accompagné la course;
Je n'ai point de mon sang déshonoré la source,
Votre victime est pure; et s'il faut qu'aujourd'hui
Titus soit aux forfaits entraîné malgré lui,
S'il faut que je succombe au destin qui m'opprime,
Dieux! sauvez les Romains, frappez avant le crime!

FIN DU TROISIÈME ACTE.

ACTE IV.

SCÈNE PREMIÈRE.

TITUS, ARONS, MESSALA.

TITUS.

Oui, j'y suis résolu, partez; c'est trop attendre:
Honteux, désespéré, je ne veux rien entendre;
Laissez-moi ma vertu, laissez-moi mes malheurs.
Fort contre vos raisons, faible contre ses pleurs,
Je ne la verrai plus. Ma fermeté trahie
Craint moins tous vos tyrans qu'un regard de Tullie.
Je ne la verrai plus! oui, qu'elle parte... Ah dieux!

ARONS.

Pour vos intérêts seuls arrêté dans ces lieux,
J'ai bientôt passé l'heure avec peine accordée
Que vous-même, Seigneur, vous m'aviez demandée.

TITUS.

Moi, je l'ai demandée?

ARONS.

Hélas! que pour vous deux
J'attendais en secret un destin plus heureux!
J'espérais couronner des ardeurs si parfaites;
Il n'y faut plus penser.

TITUS.

Ah, cruel que vous êtes!

Vous avez vu ma honte et mon abaissement;
Vous avez vu Titus balancer un moment.
Allez, adroit témoin de mes lâches tendresses,
Allez à vos deux rois annoncer mes faiblesses;
Contez à ces tyrans terrassés par mes coups
Que le fils de Brutus a pleuré devant vous.
Mais ajoutez au moins que, parmi tant de larmes,
Malgré vous et Tullie, et ses pleurs et ses charmes,
Vainqueur encor de moi, libre, et toujours Romain,
Je ne suis point soumis par le sang de Tarquin;
Que rien ne me surmonte, et que je jure encore
Une guerre éternelle à ce sang que j'adore.

ARONS.

J'excuse la douleur où vos sens sont plongés;
Je respecte en partant vos tristes préjugés.
Loin de vous accabler, avec vous je soupire.
Elle en mourra, c'est tout ce que je peux vous dire.
Adieu, Seigneur.

MESSALA.

O ciel!

SCÈNE II.

TITUS, MESSALA.

TITUS.

Non, je ne puis souffrir
Que des remparts de Rome on la laisse sortir:
Je veux la retenir au péril de ma vie.

MESSALA.

Vous voulez...

TITUS.

Je suis loin de trahir ma patrie.
Rome l'emportera, je le sais; mais enfin
Je ne puis séparer Tullie et mon destin.
Je respire, je vis, je périrai pour elle.
Prends pitié de mes maux, courons, et que ton zèle
Soulève nos amis, rassemble nos soldats :
En dépit du sénat je retiendrai ses pas;
Je prétends que dans Rome elle reste en otage :
Je le veux.

MESSALA.

Dans quels soins votre amour vous engage!
Et que prétendez-vous par ce coup dangereux,
Que d'avouer sans fruit un amour malheureux?

TITUS.

Eh bien! c'est au sénat qu'il faut que je m'adresse.
Va de ces rois de Rome adoucir la rudesse;
Dis-leur que l'intérêt de l'état, de Brutus...
Hélas, que je m'emporte en desseins superflus!

MESSALA.

Dans la juste douleur où votre âme est en proie,
Il faut, pour vous servir...

TITUS.

Il faut que je la voie;
Il faut que je lui parle. Elle passe en ces lieux;
Elle entendra du moins mes éternels adieux.

MESSALA.

Parlez-lui, croyez-moi.

TITUS.

Je suis perdu, c'est elle.

SCÈNE III.

TITUS, MESSALA, TULLIE, ALGINE.

ALGINE.

On vous attend, Madame.

TULLIE.

Ah, sentence cruelle !
L'ingrat me touche encore, et Brutus à mes yeux
Paraît un dieu terrible armé contre nous deux.
J'aime, je crains, je pleure, et tout mon cœur s'égare.
Allons.

TITUS.

Non, demeurez.

TULLIE.

Que me veux-tu barbare ?
Me tromper, me braver ?

TITUS.

Ah ! dans ce jour affreux
Je sais ce que je dois, et non ce que je veux ;
Je n'ai plus de raison, vous me l'avez ravie.
Eh bien ! guidez mes pas, gouvernez ma furie ;
Régnez donc en tyran sur mes sens éperdus ;
Dictez, si vous l'osez, les crimes de Titus.
Non, plutôt que je livre aux flammes, au carnage,
Ces murs, ces citoyens qu'a sauvés mon courage ;
Qu'un père, abandonné par un fils furieux,
Sous le fer de Tarquin...

TULLIE.

M'en préservent les dieux !
La nature te parle, et sa voix m'est trop chère ;

Tu m'as trop bien appris à trembler pour un père;
Rassure-toi: Brutus est désormais le mien;
Tout mon sang est à toi, qui te répond du sien;
Notre amour, mon hymen, mes jours en sont le gage:
Je serai dans tes mains sa fille, son otage.
Peux-tu délibérer? Penses-tu qu'en secret
Brutus te vît au trône avec tant de regret?
Il n'a point sur son front placé le diadème;
Mais, sous un autre nom, n'est-il pas roi lui-même?
Son règne est d'une année, et bientôt... Mais, hélas!
Que de faibles raisons, si tu ne m'aimes pas!
Je ne dis plus qu'un mot. Je pars... et je t'adore.
Tu pleures, tu frémis, il en est temps encore;
Achève, parle, ingrat! que te faut-il de plus?

TITUS.

Votre haine; elle manque au malheur de Titus.

TULLIE.

Ah! c'est trop essuyer tes indignes murmures,
Tes vains engagemens, tes plaintes, tes injures;
Je te rends ton amour dont le mien est confus,
Et tes trompeurs sermens, pires que tes refus.
Je n'irai point chercher au fond de l'Italie
Ces fatales grandeurs que je te sacrifie,
Et pleurer loin de Rome, entre les bras d'un roi,
Cet amour malheureux que j'ai senti pour toi
J'ai réglé mon destin; Romain dont la rudesse
N'affecte de vertu que contre ta maîtresse,
Héros pour m'accabler, timide à me servir:
Incertain dans tes vœux, apprends à les remplir.
Tu verras qu'une femme, à tes yeux méprisable,
Dans ses projets au moins était inébranlable;

Et par la fermeté dont ce cœur est armé,
Titus, tu connaîtras comme il t'aurait aimé.
Au pied de ces murs même où régnaient mes ancêtres,
De ces murs que ta main défend contre leurs maîtres,
Où tu m'oses trahir, et m'outrager comme eux,
Où m'a foi fut séduite, où tu trompas mes feux,
Je jure à tous les dieux qui vengent les parjures,
Que mon bras, dans mon sang effaçant mes injures,
Plus juste que le tien, mais moins irrésolu,
Ingrat, va me punir de t'avoir mal connu;
Et je vais...

TITUS, *l'arrêtant.*

Non, Madame, il faut vous satisfaire:
Je le veux, j'en frémis, et j'y cours pour vous plaire:
D'autant plus malheureux, que, dans ma passion,
Mon cœur n'a pour excuse aucune illusion;
Que je ne goûte point, dans mon désordre extrême,
Le triste et vain plaisir de me tromper moi-même;
Que l'amour aux forfaits me force de voler;
Que vous m'avez vaincu sans pouvoir m'aveugler,
Et qu'encore indigné de l'ardeur qui m'anime,
Je chéris la vertu, mais j'embrasse le crime.
Haïssez-moi, fuyez, quittez un malheureux
Qui meurt d'amour pour vous, et déteste ses feux;
Qui va s'unir à vous sous ces affreux augures,
Parmi les attentats, le meurtre, et les parjures.

TULLIE.

Vous insultez, Titus, à ma funeste ardeur;
Vous sentez à quel point vous régnez dans mon cœur.
Oui, je vis pour toi seul, oui, je te le confesse;
Mais malgré ton amour, mais malgré ma faiblesse

Sois sûr que le trépas m'inspire moins d'effroi
Que la main d'un époux qui craindrait d'être à moi;
Qui se repentirait d'avoir servi son maître;
Que je fais souverain, et qui rougit de l'être.
Voici l'instant affreux qui va nous éloigner.
Souviens-toi que je t'aime, et que tu peux régner.
L'ambassadeur m'attend; consulte, délibère :
Dans une heure avec moi tu reverras mon père.
Je pars, et je reviens sous ces murs odieux
Pour y entrer en reine, ou périr à tes yeux.

TITUS.

Vous ne périrez point. Je vais...

TULLIE.

Titus, arrête;
En me suivant plus loin tu hasardes ta tête;
On peut te soupçonner; demeure: adieu; résous
D'être mon meurtrier ou d'être mon époux.

SCÈNE IV.

TITUS.

Tu l'emportes, cruelle, et Rome est asservie;
Reviens régner sur elle ainsi que sur ma vie;
Reviens; je vais me perdre, ou vais te couronner:
Le plus grand des forfaits est de t'abandonner.
Qu'on cherche Messala; ma fougueuse imprudence
A de son amitié lassé la patience.
Maîtresse, amis, Romains, je perds tout en un jour.

SCÈNE V.

TITUS, MESSALA.

TITUS.

Sers ma fureur enfin, sers mon fatal amour;
Viens, suis-moi.

MESSALA.

Commandez, tout est prêt : mes cohortes
Sont au mont Quirinal, et livreront les portes.
Tous nos braves amis vont jurer avec moi
De reconnaître en vous l'héritier de leur roi.
Ne perdez point de temps; déjà la nuit plus sombre
Voile nos grands desseins du secret de son ombre.

TITUS.

L'heure approche, Tullie en compte les momens...
Et Tarquin, après tout, eut mes premiers sermens.
Le sort en est jeté.

(*Le fond du théâtre s'ouvre.*)

Que vois-je? c'est mon père.

SCÈNE VI.

BRUTUS, TITUS, MESSALA, LICTEURS.

BRUTUS.

Viens, Rome est en danger, c'est en toi que j'espère.
Par un avis secret le sénat est instruit
Qu'on doit attaquer Rome au milieu de la nuit.
J'ai brigué pour mon sang, pour le héros que j'aime,
L'honneur de commander dans ce péril extrême :

Le sénat te l'accorde : arme-toi, mon cher fils;
Une seconde fois va sauver ton pays;
Pour notre liberté va prodiguer ta vie;
Va, mort ou triomphant, tu feras mon envie.

TITUS.

Ciel!...

BRUTUS.

Mon fils!...

TITUS.

Remettez, Seigneur, en d'autres mains
Les faveurs du sénat et le sort des Romains.

MESSALA.

Ah! quel désordre affreux de son âme s'empare!

BRUTUS.

Vous pourriez refuser l'honneur qu'on vous prépare?

TITUS.

Qui? moi, Seigneur?

BRUTUS.

Eh quoi! votre cœur égaré
Des refus du sénat est encore ulcéré!
De vos prétentions je vois les injustices.
Ah! mon fils, est-il temps d'écouter vos caprices?
Vous avez sauvé Rome, et n'êtes pas heureux?
Cet immortel honneur n'a pas comblé vos vœux?
Mon fils au consulat a-t-il osé prétendre
Avant l'âge où les lois permettent de l'attendre?
Va, cesse de briguer une indigne faveur;
La place où je t'envoie est ton poste d'honneur;
Va, ce n'est qu'aux tyrans que tu dois ta colère :
De l'état et de toi je sens que je suis père.
Donne ton sang à Rome, et n'en exige rien;

Sois toujours un héros ; sois plus, sois citoyen.
Je touche, mon cher fils, au bout de ma carrière ;
Tes triomphantes mains vont fermer ma paupière ;
Mais, soutenu du tien, mon nom ne mourra plus ;
Je renaîtrai pour Rome, et vivrai dans Titus.
Que dis-je ? Je te suis. Dans mon âge débile
Les dieux ne m'ont donné qu'un courage inutile ;
Mais je te verrai vaincre, ou mourrai, comme toi,
Vengeur du nom romain, libre encore, et sans roi.

TITUS.

Ah, Messala !

SCÈNE VII.

BRUTUS, VALÉRIUS, TITUS, MESSALA.

VALÉRIUS.

Seigneur, faites qu'on se retire.

BRUTUS, *à son fils.*

Cours, vole...

(*Titus et Messala sortent.*)

VALÉRIUS.

On trahit Rome.

BRUTUS.

Ah ! qu'entends-je ?

VALÉRIUS.

On conspire,
Je n'en saurais douter ; on nous trahit, Seigneur.
De cet affreux complot j'ignore encor l'auteur ;
Mais le nom de Tarquin vient de se faire entendre,
Et d'indignes Romains ont parlé de se rendre.

BRUTUS.

Des citoyens romains ont demandé des fers !

VALÉRIUS.

Les perfides m'ont fui par des chemins divers;
On les suit. Je soupçonne et Ménas et Lélie,
Ces partisans des rois et de la tyrannie;
Ces secrets ennemis du bonheur de l'état,
Ardens à désunir le peuple et le sénat.
Messala les protége; et, dans ce trouble extrême,
J'oserais soupçonner jusqu'à Messala même,
Sans l'étroite amitié dont l'honore Titus.

BRUTUS.

Observons tous leurs pas; je ne puis rien de plus:
La liberté, la loi dont nous sommes les pères,
Nous défend des rigueurs peut-être nécessaires:
Arrêter un Romain sur de simples soupçons,
C'est agir en tyran, nous qui les punissons.
Allons parler au peuple, enhardir les timides,
Encourager les bons, étonner les perfides.
Que les pères de Rome et de la liberté
Viennent rendre aux Romains leur intrépidité;
Quels cœurs en nous voyant ne reprendront courage?
Dieux! donnez-nous la mort plutôt que l'esclavage;
Que le sénat nous suive.

SCÈNE VIII.

BRUTUS, VALÉRIUS, PROCULUS.

PROCULUS.

Un esclave, Seigneur,
D'un entretien secret implore la faveur.

BRUTUS.

Dans la nuit? à cette heure?

PROCULUS.

Oui, d'un avis fidèle
Il apporte, dit-il, la pressante nouvelle.

BRUTUS.

Peut-être des Romains le salut en dépend :
Allons, c'est les trahir que tarder un moment.
(*à Proculus.*)
Vous, allez vers mon fils ; qu'à cette heure fatale
Il défende surtout la porte Quirinale,
Et que la terre avoue, au bruit de ses exploits,
Que le sort de mon sang est de vaincre les rois.

FIN DU QUATRIÈME ACTE.

ACTE V.

SCÈNE PREMIÈRE.

BRUTUS, les Sénateurs, PROCULUS, Licteurs, l'esclave VINDEX.

BRUTUS.

Oui, Rome n'était plus; oui, sous la tyrannie
L'auguste liberté tombait anéantie;
Vos tombeaux se rouvraient; c'en était fait : Tarquin
Rentrait dès cette nuit, la vengeance à la main.
C'est cet ambassadeur, c'est lui dont l'artifice
Sous les pas des Romains creusait ce précipice.
Enfin, le croirez-vous? Rome avait des enfans
Qui conspiraient contre elle, et servaient les tyrans
Messala conduisait leur aveugle furie,
A ce perfide Arons il vendait sa patrie :
Mais le Ciel a veillé sur Rome et sur vos jours;
Cet desclave a d'Arons écouté les discours;
(*en montrant l'esclave.*)
Il a prévu le crime; et son avis fidèle
A réveillé ma crainte, a ranimé mon zèle.
Messala, par mon ordre arrêté cette nuit,
Devant vous à l'instant allait être conduit;
J'attendais que du moins l'appareil des supplices
De sa bouche infidèle arrachât ses complices;
Mes licteurs l'entouraient, quand Messala soudain

Saisissant un poignard qu'il cachait dans son sein,
Et qu'à vous, sénateurs, il destinait peut-être :
Mes secrets, a-t-il dit, que l'on cherche à connaître,
C'est dans ce cœur sanglant qu'il faut les découvrir;
Et qui sait conspirer, sait se taire et mourir.
On s'écrie, on s'avance : il se frappe, et le traître
Meurt encore en Romain, quoique indigne de l'être.
Déjà des murs de Rome Arons était parti;
Assez loin vers le camp nos gardes l'ont suivi;
On arrête à l'instant Arons avec Tullie.
Bientôt, n'en doutez point, de ce complot impie
Le Ciel va découvrir toutes les profondeurs;
Publicola partout en cherche les auteurs.
Mais quand nous connaîtrons le nom des parricides,
Prenez garde, Romains, point de grâce aux perfides;
Fussent-ils nos amis, nos frères, nos enfans,
Ne voyez que leur crime, et gardez vos sermens.
Rome, la liberté, demandent leur supplice;
Et qui pardonne au crime en devient le complice.

(*à l'esclave.*)

Et toi, dont la naissance et l'aveugle destin
N'avait fait qu'un esclave, et dut faire un Romain,
Par qui le sénat vit, par qui Rome est sauvée,
Reçois la liberté que tu m'as conservée;
Et, prenant désormais des sentimens plus grands,
Sois l'égal de mes fils, et l'effroi des tyrans.
Mais qu'est-ce que j'entends? quelle rumeur soudaine?

PROCULUS.

Arons est arrêté, Seigneur, et je l'amène.

BRUTUS.

De quel front pourra-t-il...?

SCÈNE II.

BRUTUS, les Sénateurs, ARONS, Licteurs.

ARONS.

Jusques à quand, Romains,
Voulez-vous profaner tous les droits des humains?
D'un peuple révolté conseils vraiment sinistres,
Pensez-vous abaiser les rois dans leurs ministres?
Vos licteurs insolens viennent de m'arrêter:
Est-ce mon maître ou moi que l'on veut insulter?
Et chez les nations ce rang inviolable...

BRUTUS.

Plus ton rang est sacré, plus il te rend coupable;
Cesse ici d'attester des titres superflus.

ARONS.

L'ambassadeur d'un roi!...

BRUTUS.

Traître, tu ne l'es plus;
Tu n'es qu'un conjuré, paré d'un nom sublime,
Que l'impunité seule enhardissait au crime.
Les vrais ambassadeurs, interprètes des lois,
Sans les déhonorer savent servir leurs rois;
De la foi des humains discrets dépositaires,
La paix seule est le fruit de leurs saints ministères;
Des souverains du monde ils sont les nœuds sacrés,
Et, partout bienfaisans, sont partout révérés.
A ces traits, si tu peux, ose te reconnaître:
Mais si tu veux au moins rendre compte à ton maître
Des ressorts, des vertus, des lois de cet état,
Comprends l'esprit de Rome, et connais le sénat.

Ce peuple auguste et saint sait respecter encore
Les lois des nations que ta main déshonore :
Plus tu les méconnais, plus nous les protégeons ;
Et le seul châtiment qu'ici nous t'imposons,
C'est de voir expirer les citoyens perfides
Qui liaient avec toi leurs complots parricides.
Tout couvert de leur sang répandu devant toi,
Va d'un crime inutile entretenir ton roi ;
Et montre en ta personne aux peuples d'Italie
La sainteté de Rome et ton ignominie.
Qu'on l'emmène, licteurs.

SCÈNE III.

LES SÉNATEURS, BRUTUS, VALÉRIUS, PROCULUS.

BRUTUS.

Eh bien, Valérius,
Ils sont saisis, sans doute, ils sont au moins connus ?
Quel sombre et noir chagrin, couvrant votre visage,
De maux encor plus grands semble être le présage ?
Vous frémissez.

VALÉRIUS.

Songez que vous êtes Brutus.

BRUTUS.

Expliquez-vous...

VALÉRIUS.

Je tremble à vous en dire plus.
(*Il lui donne des tablettes.*)
Voyez, Seigneur ; lisez, connaissez les coupables.

BRUTUS, *prenant les tablettes.*

Me trompez-vous, mes yeux? O jours abominables!
O père infortuné! Tibérinus? mon fils!
Sénateurs, pardonnez... Le perfide est-il pris?

VALÉRIUS.

Avec deux conjurés il s'est osé défendre;
Ils ont choisi la mort plutôt que de se rendre;
Percé de coups, Seigneur, il est tombé près d'eux:
Mais il reste à vous dire un malheur plus affreux,
Pour vous, pour Rome entière et pour moi plus sensible.

BRUTUS.

Qu'entends-je!

VALÉRIUS.

Reprenez cette liste terrible
Que chez Messala même a saisi Proculus.
Lisez donc...

BRUTUS.

Je frémis, je tremble. Ciel! Titus!
(*Il se laisse tomber entre les bras de Proculus.*)

VALÉRIUS.

Assez près de ces lieux je l'ai trouvé sans armes,
Errant, désespéré, plein d'horreur et d'alarmes.
Peut-être il détestait cet horrible attentat.

BRUTUS.

Allez, pères conscrits, retournez au sénat;
Il ne m'appartient plus d'oser y prendre place:
Allez, exterminez ma criminelle race;
Punissez-en le père, et jusque dans mon flanc
Recherchez sans pitié la source de leur sang.
Je ne vous suivrai point, de peur que ma présence
Ne suspendît de Rome ou fléchît la vengeance.

SCÈNE IV.

BRUTUS *seul.*

Grands dieux! à vos décrets tous mes vœux sont soumis!
Dieux vengeurs de nos lois, vengeurs de mon pays,
C'est vous qui par mes mains fondiez sur la justice
De notre liberté l'éternel édifice :
Voulez-vous renverser ses sacrés fondemens?
Et contre votre ouvrage armez-vous mes enfans?
Ah! que Tibérinus, en sa lâche furie,
Ait servi nos tyrans, ait trahi sa patrie,
Le coup en est affreux, le traître était mon fils!
Mais Titus! un héros! l'amour de son pays!
Qui, dans ce même jour, heureux et plein de gloire,
A vu par un triomphe honorer sa victoire!
Titus, qu'au Capitole ont couronné mes mains!
L'espoir de ma vieillesse et celui des Romains!
Titus! dieux!

SCÈNE V.

BRUTUS, VALÉRIUS, SUITE, LICTEURS.

VALÉRIUS.

Du sénat la volonté suprême
Est que sur votre fils vous prononciez vous-même.

BRUTUS.

Moi?

VALÉRIUS.

Vous seul.

BRUTUS.

Et du reste en a-t-il ordonné?

VALÉRIUS.

Des conjurés, Seigneur, le reste est condamné;
Au moment où je parle ils ont vécu peut-être.

BRUTUS.

Et du sort de mon fils le sénat me rend maître?

VALÉRIUS.

Il croit à vos vertus devoir ce rare honneur.

BRUTUS.

O patrie!

VALÉRIUS.

Au sénat que dirai-je, Seigneur?

BRUTUS.

Que Brutus voit le prix de cette grâce insigne;
Qu'il ne la cherchait pas... mais qu'il s'en rendra digne...
Mais mon fils s'est rendu sans daigner résister;
Il pourrait... Pardonnez si je cherche à douter;
C'était l'appui de Rome, et je sens que je l'aime.

VALÉRIUS.

Seigneur, Tullie...

BRUTUS.

Eh bien...

VALÉRIUS.

Tullie au moment même
N'a que trop confirmé ces soupçons odieux.

BRUTUS.

Comment, Seigneur?

VALÉRIUS.

A peine elle a revu ces lieux,
A peine elle aperçoit l'appareil des supplices,

Que, sa main consommant ces tristes sacrifices,
Elle tombe, elle expire, elle immole à nos lois
Ce reste infortuné de nos indignes rois.
Si l'on nous trahissait, Seigneur, c'était pour elle.
Je respecte en Brutus la douleur paternelle;
Mais, tournant vers ces lieux ses yeux appesantis,
Tullie en expirant a nommé votre fils.

BRUTUS.

Justes dieux!

VALÉRIUS.

C'est à vous à juger de son crime.
Condamnez, épargnez, ou frappez la victime;
Rome doit approuver ce qu'aura fait Brutus.

BRUTUS.

Licteurs, que devant moi l'on amène Titus.

VALÉRIUS.

Plein de votre vertu, Seigneur, je me retire:
Mon esprit étonné vous plaint et vous admire;
Et je vais au sénat apprendre avec terreur
La grandeur de votre âme et de votre douleur.

SCÈNE VI.

BRUTUS, PROCULUS.

BRUTUS.

Non, plus j'y pense encore, et moins je m'imagine
Que mon fils des Romains ait tramé la ruine:
Pour son père et pour Rome il avait trop d'amour;
On ne peut à ce point s'oublier en un jour.
Je ne le puis penser, mon fils n'est point coupable.

PROCULUS.

Messala, qui forma ce complot détestable,
Sous ce grand nom peut-être a voulu se couvrir;
Peut-être on hait sa gloire, on cherche à la flétrir.

BRUTUS.

Plût au Ciel!

PROCULUS.

De vos fils c'est le seul qui vous reste.
Qu'il soit coupable ou non de ce complot funeste,
Le sénat indulgent vous remet ses destins :
Ses jours sont assurés puisqu'ils sont dans vos mains;
Vous saurez à l'état conserver ce grand homme,
Vous êtes père enfin.

BRUTUS.

Je suis consul de Rome.

SCÈNE VII.

BRUTUS, PROCULUS, TITUS, *dans le fond du théâtre, avec des licteurs.*

PROCULUS.

Le voici.

TITUS.

C'est Brutus! O douloureux momens!
O terre, entr'ouvre-toi sous mes pas chancelans!
Seigneur, souffrez qu'un fils...

BRUTUS.

Arrête, téméraire.
De deux fils que j'aimai les dieux m'avaient fait père;
J'ai perdu l'un; que dis-je? ah, malheureux Titus!
Parle; ai-je encore un fils?

TITUS.

Non, vous n'en avez plus.

BRUTUS.

Réponds donc à ton juge, opprobre de ma vie.
(*Il s'assied.*)
Avais-tu résolu d'opprimer ta patrie?
D'abandonner ton père au pouvoir absolu?
De trahir tes sermens?

TITUS.

Je n'ai rien résolu.
Plein d'un mortel poison dont l'horreur me dévore,
Je m'ignorais moi-même, et je me cherche encore;
Mon cœur, encor surpris de son égarement,
Emporté loin de soi, fut coupable un moment:
Ce moment m'a couvert d'une honte éternelle;
A mon pays que j'aime il m'a fait infidèle:
Mais, ce moment passé, mes remords infinis
Ont égalé mon crime et vengé mon pays.
Prononcez mon arrêt. Rome, qui vous contemple,
A besoin de ma perte, et veut un grand exemple;
Par mon juste supplice il faut épouvanter
Les Romains, s'il en est qui puissent m'imiter.
Ma mort servira Rome autant qu'eût fait ma vie:
Et ce sang, en tout temps utile à sa patrie,
Dont je n'ai qu'aujourd'hui souillé la pureté,
N'aura coulé jamais que pour la liberté.

BRUTUS.

Quoi! tant de perfidie avec tant de courage?
De crimes, de vertus, quel horrible assemblage!
Quoi! sous ces lauriers même, et parmi ces drapeaux,
Que ton sang à mes yeux rendait encor plus beaux!

Quel démon t'inspira cette horrible inconstance?

TITUS.

Toutes les passions, la soif de la vengeance,
L'ambition, la haine, un instant de fureur...

BRUTUS.

Achève, malheureux.

TITUS.

Une plus grande erreur,
Un feu qui de mes sens est même encor le maître,
Qui fit tout mon forfait, qui l'augmente peut-être,
C'est trop vous offenser par cet aveu honteux,
Inutile pour Rome, indigne de nous deux.
Mon malheur est au comble ainsi que ma furie:
Terminez mes forfaits, mon désespoir, ma vie,
Votre opprobre et le mien. Mais si dans les combats
J'avais suivi la trace où m'ont conduit vos pas,
Si je vous imitai, si j'aimai ma patrie,
D'un remords assez grand si ma faute est suivie,

(*il se jette à genoux.*)

A cet infortuné daignez ouvrir les bras;
Dites du moins: Mon fils, Brutus ne te hait pas;
Ce mot seul, me rendant mes vertus et ma gloire,
De la honte où je suis défendra ma mémoire:
On dira que Titus, descendant chez les morts,
Eut un regard de vous pour prix de ses remords,
Que vous l'aimiez encore, et que, malgré son crime,
Votre fils dans la tombe emporta votre estime.

BRUTUS.

Son remords me l'arrache. O Rome! ô mon pays!
Proculus... à la mort que l'on mène mon fils.
Lève-toi, triste objet d'horreur et de tendresse;

Lève-toi, cher appui qu'espérait ma vieillesse;
Viens embrasser ton père; il t'a dû condamner:
Mais, s'il n'était Brutus, il t'allait pardonner.
Mes pleurs, en te parlant, inondent ton visage:
Va, porte à ton supplice un plus mâle courage;
Va, ne t'attendris point, sois plus Romain que moi,
Et que Rome t'admire en se vengeant de toi.

TITUS.

Adieu : je vais périr digne encor de mon père.

(*On l'emmène.*)

SCÈNE VIII.

BRUTUS, PROCULUS.

Seigneur, tout le sénat, dans sa douleur sincère,
En frémissant du coup qui doit vous accabler...

BRUTUS.

Vous connaissez Brutus, et l'osez consoler!
Songez qu'on nous prépare une attaque nouvelle:
Rome seule a mes soins; mon cœur ne connaît qu'elle.
Allons; que les Romains, dans ces momens affreux,
Me tiennent lieu du fils que j'ai perdu pour eux;
Que je finisse au moins ma déplorable vie
Comme il eût dû mourir, en vengeant la patrie.

SCÈNE IX.

BRUTUS, PROCULUS, UN SÉNATEUR.

LE SÉNATEUR.

Seigneur...

BRUTUS.

Mon fils n'est plus ?

LE SÉNATEUR.

C'en est fait... et mes yeux..

BRUTUS.

Rome est libre : il suffit... Rendons grâces aux dieux.

FIN DE BRUTUS.

ZAÏRE,

TRAGÉDIE.

PERSONNAGES.

OROSMANE, soudan de Jérusalem.
LUSIGNAN, prince du sang des rois de Jérusalem.

ZAIRE, FATIME,	esclaves du soudan.
NÉRESTAN, CHATILLON,	chevaliers français.
CORASMIN, MÉLÉDOR,	officiers du soudan.

UN ESCLAVE.
SUITE.

La scène est au sérail de Jérusalem.

ZAÏRE,

TRAGÉDIE.

ACTE PREMIER.

SCÈNE PREMIÈRE.

ZAIRE, FATIME.

FATIME.

Je ne m'attendais pas, jeune et belle Zaïre :
Aux nouveaux sentimens que ce lieu vous inspire.
Quel espoir si flatteur, ou quels heureux destins
De vos jours ténébreux ont fait des jours sereins?
La paix de votre cœur augmente avec vos charmes
Cet éclat de vos yeux n'est plus terni de larmes:
Vous ne les tournez plus vers ces heureux climats
Où ce brave Français devait guider nos pas!
Vous ne me parlez plus de ces belles contrées
Où d'un peuple poli les femmes adorées
Reçoivent cet encens que l'on doit à vos yeux.
Compagnes d'un époux et reines en tous lieux,

Libres sans déshonneur, et sages sans contrainte,
Et ne devant jamais leurs vertus à la crainte!
Ne soupirez-vous plus pour cette liberté?
Le sérail d'un soudan, sa triste austérité,
Ce nom d'esclave enfin, n'ont-ils rien qui vous gêne?
Préférez-vous Solyme aux rives de la Seine?

ZAÏRE.

On ne peut désirer ce qu'on ne connaît pas.
Sur le bord du Jourdain le Ciel fixa nos pas.
Au sérail des soudans dès l'enfance enfermée,
Chaque jour ma raison s'y voit accoutumée.
Le reste de la terre anéanti pour moi
M'abandonne au soudan qui nous tient sous sa loi;
Je ne connais que lui, sa gloire, sa puissance;
Vivre sous Orosmane est ma seule espérance;
Le reste est un vain songe.

FATIME.

Avez-vous oublié
Ce généreux Français dont la tendre amitié
Nous promit si souvent de rompre notre chaîne?
Combien nous admirions son audace hautaine!
Quelle gloire il acquit dans ces tristes combats
Perdus par les chrétiens sous les murs de Damas?
Orosmane vainqueur, admirant son courage,
Le laissa sur sa foi partir de ce rivage.
Nous l'attendons encor; sa générosité
Devait payer le prix de notre liberté.
N'en aurions-nous conçu qu'une vaine espérance?

ZAÏRE.

Peut-être sa promesse a passé sa puissance;
Depuis plus de deux ans il n'est point revenu.

'n étranger, Fatime, un captif inconnu,
romet beaucoup, tient peu, permet à son courage
es sermens indiscrets pour sortir d'esclavage.
devait délivrer dix chevaliers chrétiens,
'enir rompre leurs fers, ou reprendre les siens:
admirai trop en lui cet inutile zèle;
n'y faut plus penser.

FATIME.

Mais, s'il était fidèle,
'il revenait enfin dégager ses sermens,
Ie voudriez-vous pas...?

ZAÏRE.

Fatime, il n'est plus temps?
'out est changé...

FATIME.

Comment? que prétendez-vous dire?

ZAÏRE.

'a, c'est trop te celer le destin de Zaïre;
,e secret du soudan doit encor se cacher;
Iais mon cœur dans le tien se plaît à s'épancher.
)epuis près de trois mois qu'avec d'autres captives
)n te fit du Jourdain abandonner les rives,
,e Ciel, pour terminer les malheurs de nos jours,
)'une main plus puissante a choisi le secours.
:e superbe Orosmane...

FATIME.

Eh bien?

ZAÏRE.

Ce soudan même,
:e vainqueur des chrétiens..chèreFatime..il m'aime..
'u rougis... je t'entends... garde-toi de penser

Qu'à briguer ses soupirs je puisse m'abaisser,
Que d'un maître absolu la superbe tendresse
M'offre l'honneur honteux du rang de sa maîtresse,
Et que j'essuie enfin l'outrage et le danger
Du malheureux éclat d'un amour passager;
Cette fierté qu'en nous soutient la modestie,
Dans mon cœur à ce point ne s'est pas démentie;
Plutôt que jusque-là j'abaisse mon orgueil,
Je verrai sans pâlir les fers et le cercueil.
Je m'en vais t'étonner; son superbe courage
A mes faibles appas présente un pur hommage;
Parmi tous ces objets à lui plaire empressés
J'ai fixé ses regards à moi seule adressés;
Et l'hymen, confondant leurs intrigues fatales,
Me soumettra bientôt son cœur et mes rivales.

FATIME.

Vos appas, vos vertus, sont dignes de ce prix;
Mon cœur en est flatté plus qu'il n'en est surpris.
Que vos félicités, s'il se peut, soient parfaites!
Je me vois avec joie au rang de vos sujettes.

ZAÏRE.

Sois toujours mon égale, et goûte mon bonheur:
Avec toi partagé, je sens mieux sa douceur.

FATIME.

Hélas! puisse le Ciel souffrir cet hyménée!
Puisse cette grandeur qui vous est destinée,
Qu'on nomme si souvent du faux nom de bonheur,
Ne point laisser de trouble au fond de votre cœur!
N'est-il point en secret de frein qui vous retienne?
Ne vous souvient-il plus que vous fûtes chrétienne?

ZAÏRE.

Ah! que dis-tu? pourquoi rappeler mes ennuis?
Chère Fatime, hélas! sais-je ce que je suis?
Le Ciel m'a-t-il jamais permis de me connaître?
Ne m'a-t-il pas caché le sang qui m'a fait naître?

FATIME.

Nérestan, qui naquit non loin de ce séjour,
Vous dit que d'un chrétien vous reçûtes le jour;
Que dis-je? cette croix qui sur vous fut trouvée,
Parure de l'enfance, avec soin conservée,
Ce signe des chrétiens, que l'art dérobe aux yeux
Sous le brillant éclat d'un travail précieux,
Cette croix, dont cent fois mes soins vous ont parée,
Peut-être entre vos mains est-elle demeurée
Comme un gage secret de la fidélité
Que vous deviez au dieu que vous avez quitté.

ZAÏRE.

Je n'ai point d'autre preuve; et mon cœur, qui s'ignore,
Peut-il admettre un dieu que mon amant abhorre?
La coutume, la loi plia mes premiers ans
A la religion des heureux musulmans:
Je le vois trop; les soins qu'on prend de notre enfance
Forment nos sentimens, nos mœurs, notre croyance.
J'eusse été près du Gange esclave des faux dieux,
Chrétienne dans Paris, musulmane en ces lieux.
L'instruction fait tout; et la main de nos pères
Grave en nos faibles cœurs ces premiers caractères
Que l'exemple et le temps nous viennent retracer,
Et que peut-être en nous Dieu seul peut effacer.
Prisonnière en ces lieux, tu n'y fus renfermée
Que lorsque ta raison, par l'âge confirmée,

Pour éclairer ta foi te prêtait son flambeau:
Pour moi, des Sarrasins esclave en mon berceau,
La foi de nos chrétiens me fut trop tard connue.
Contre elle cependant, loin d'être prévenue,
Cette croix, je l'avoue, a souvent malgré moi
Saisi mon cœur surpris de respect et d'effroi;
J'osais l'invoquer même avant qu'en ma pensée
D'Orosmane en secret l'image fût tracée.
J'honore, je chéris ces charitables lois
Dont ici Nérestan me parle tant de fois,
Ces lois qui, de la terre écartant les misères,
Des humains attendris font un peuple de frères;
Obligés de s'aimer, sans doute ils sont heureux.

FATIME.

Pourquoi donc aujourd'hui vous déclarer contre eux?
A la loi musulmane à jamais asservie,
Vous allez des chrétiens devenir l'ennemie;
Vous allez épouser leur superbe vainqueur.

ZAÏRE.

Qui lui refuserait le présent de son cœur?
De toute ma faiblesse il faut que je convienne;
Peut-être sans l'amour j'aurais été chrétienne;
Peut-être qu'à ta loi j'aurais sacrifié:
Mais Orosmane m'aime, et j'ai tout oublié;
Je ne vois qu'Orosmane, et mon âme enivrée
Se remplit du bonheur de s'en voir adorée.
Mets-toi devant les yeux sa grâce, ses exploits;
Songe à ce bras puissant, vainqueur de tant de rois;
A cet aimable front que la gloire environne:
Je ne te parle point du sceptre qu'il me donne;
Non, la reconnaissance est un faible retour,

Un tribut offensant, trop peu fait pour l'amour.
Mon cœur aime Orosmane, et non son diadème;
Chère Fatime, en lui je n'aime que lui-même.
Peut-être j'en crois trop un penchant si flatteur;
Mais si le Ciel, sur lui déployant sa rigueur,
Aux fers que j'ai portés eût condamné sa vie,
Si le Ciel sous mes lois eût rangé la Syrie,
Ou mon amour me trompe, ou Zaïre aujourd'hui
Pour l'élever à soi descendrait jusqu'à lui.

FATIME.

On marche vers ces lieux; sans doute c'est lui-même.

ZAÏRE.

Mon cœur, qui le prévient, m'annonce ce que j'aime.
Depuis deux jours, Fatime, absent de ce palais,
Enfin son tendre amour le rend à mes souhaits.

SCÈNE II.

OROSMANE, ZAIRE, FATIME.

OROSMANE.

Vertueuse Zaïre, avant que l'hyménée
Joigne à jamais nos cœurs et notre destinée,
J'ai cru, sur mes projets, sur vous, sur mon amour,
Devoir en musulman vous parler sans détour.
Les soudans qu'à genoux cet univers contemple,
Leurs usages, leurs droits, ne sont point mon exemple:
Je sais que notre loi, favorable aux plaisirs,
Ouvre un champ sans limite à nos vastes désirs;
Que je puis, à mon gré prodiguant mes tendresses,
Recevoir à mes pieds l'encens de mes maîtresses,
Et tranquille au sérail, dictant mes volontés,

Gouverner mon pays du sein des voluptés.
Mais la mollesse est douce, et sa suite est cruelle;
Je vois autour de moi cent rois vaincus par elle;
Je vois de Mahomet ces lâches successeurs,
Ces califes tremblans dans leurs tristes grandeurs,
Couchés sur les débris de l'autel et du trône,
Sous un nom sans pouvoir languir dans Babylone,
Eux qui seraient encore, ainsi que leurs aïeux,
Maîtres du monde entier, s'ils l'avaient été d'eux.
Bouillon leur arracha Solyme et la Syrie;
Mais bientôt, pour punir une secte ennemie,
Dieu suscita le bras du puissant Saladin:
Mon père, après sa mort, asservit le Jourdain;
Et moi, faible héritier de sa grandeur nouvelle,
Maître encore incertain d'un état qui chancelle,
Je vois ces fiers chrétiens, de rapine altérés,
Des bords de l'Occident vers nos bords attirés;
Et lorsque la trompette, et la voix de la guerre,
Du Nil au Pont-Euxin font retentir la terre,
Je n'irai point, en proie à de lâches amours,
Aux langueurs d'un sérail abandonner mes jours.
J'atteste ici la gloire, et Zaïre, et ma flamme,
De ne choisir que vous pour maîtresse et pour femme,
De vivre votre ami, votre amant, votre époux,
De partager mon cœur entre la guerre et vous.
Ne croyez pas non plus que mon honneur confie
La vertu d'une épouse à ces monstres d'Asie,
Du sérail des soudans gardes injurieux,
Et des plaisirs d'un maître esclaves odieux:
Je sais vous estimer autant que je vous aime,
Et sur votre vertu me fier à vous-même.

Après un tel aveu, vous connaissez mon cœur;
Vous sentez qu'en vous seule il a mis son bonheur;
Vous comprenez assez quelle amertume affreuse
Corromprait de mes jours la durée odieuse,
Si vous ne receviez les dons que je vous fais
Qu'avec ces sentimens que l'on doit aux bienfaits
Je vous aime, Zaïre, et j'attends de votre âme
Un amour qui réponde à ma brûlante flamme.
Je l'avoûrai, mon cœur ne veut rien qu'ardemment;
Je me croirais haï, d'être aimé faiblement;
De tout mes sentimens tel est le caractère :
Je veux avec excès vous aimer et vous plaire.
Si d'un égal amour votre cœur est épris,
Je viens vous épouser, mais c'est à ce seul prix;
Et du nœud de l'hymen l'étreinte dangereuse
Me rend infortuné, s'il ne vous rend heureuse.

ZAÏRE.

Vous; Seigneur, malheureux! Ah! si votre grand cœur
A sur mes sentimens pu fonder son bonheur,
S'il dépend en effet de mes flammes secrètes,
Quel mortel fut jamais plus heureux que vous l'êtes!
Ces noms chers et sacrés, et d'amant, et d'époux,
Ces noms nous sont communs; et j'ai par-dessus vous
Ce plaisir, si flatteur à ma tendresse extrême,
De tenir tout, Seigneur, du bienfaiteur que j'aime;
De voir que ses bontés font seules mes destins;
D'être l'ouvrage heureux de ses augustes mains;
De révérer, d'aimer un héros que j'admire.
Oui, si parmi les cœurs soumis à votre empire
Vos yeux ont discerné les hommages du mien,
Si votre auguste choix...

SCÈNE III.

OROSMANE, ZAIRE, FATIME, CORASMIN.

CORASMIN.

Cet esclave chrétien
Qui sur sa foi, Seigneur, a passé dans la France,
Revient au moment même, et demande audience.

FATIME.

O ciel!

OROSMANE.

Il peut entrer. Pourquoi ne vient-il pas?

CORASMIN.

Dans la première enceinte il arrête ses pas:
Seigneur, je n'ai pas cru qu'aux regards de son maître
Dans ces augustes lieux un chrétien pût paraître.

OROSMANE.

Qu'il paraisse. En tous lieux, sans manquer de respect,
Chacun peut désormais jouir de mon aspect;
Je vois avec mépris ces maximes terribles
Qui font de tant de rois des tyrans invisibles.

SCÈNE IV.

OROSMANE, ZAIRE, FATIME, CORASMIN, NÉRESTAN.

NÉRESTAN.

Respectable ennemi qu'estiment les chrétiens,
Je reviens dégager mes sermens et les tiens:
J'ai satisfait à tout; c'est à toi d'y souscrire;

Je te fais apporter la rançon de Zaïre,
Et celle de Fatime, et de dix chevaliers
Dans les murs de Solyme illustres prisonniers :
Leur liberté, par moi trop long-temps retardée,
Quand je reparaîtrais leur dut être accordée ;
Sultan, tiens ta parole ; ils ne sont plus à toi,
Et dès ce moment même ils sont libres par moi.
Mais, grâces à mes soins quand leur chaîne est brisée,
A t'en payer le prix ma fortune épuisée,
Je ne le cèle pas, m'ôte l'espoir heureux
De faire ici pour moi ce que je fais pour eux ;
Une pauvreté noble est tout ce qui me reste :
J'arrache des chrétiens à leur prison funeste ;
Je remplis mes sermens, mon honneur, mon devoir,
Il me suffit : je viens me mettre en ton pouvoir ;
Je me rends prisonnier, et demeure en otage.

OROSMANE.

Chrétien, je suis content de ton noble courage,
Mais ton orgueil ici se serait-il flatté
D'effacer Orosmane en générosité ?
Reprends ta liberté, remporte tes richesses,
A l'or de ces rançons joins mes justes largesses :
Au lieu de dix chrétiens que je dus t'accorder,
Je t'en veux donner cent ; tu les peux demander :
Qu'ils aillent sur tes pas apprendre à ta patrie
Qu'il est quelques vertus au fond de la Syrie ;
Qu'ils jugent en partant qui méritait le mieux
Des Français ou de moi l'empire de ces lieux.
Mais, parmi ces chrétiens que ma bonté délivre,
Lusignan ne fut point réservé pour te suivre ;
De ceux qu'on peut te rendre il est seul excepté ;

Son nom serait suspect à mon autorité ;
Il est du sang français qui régnait à Solyme ;
On sait son droit au trône, et ce droit est un crime :
Du destin qui fait tout tel est l'arrêt cruel :
Si j'eusse été vaincu, je serais criminel.
Lusignan dans les fers finira sa carrière,
Et jamais du soleil ne verra la lumière.
Je le plains, mais pardonne à la nécessité
Ce reste de vengeance et de sévérité.
Pour Zaïre, crois-moi, sans que ton cœur s'offense,
Elle n'est pas d'un prix qui soit en ta puissance;
Tes chevaliers français et tous leurs souverains
S'uniraient vainement pour l'ôter de mes mains.
Tu peux partir.

NÉRESTAN.

Qu'entends-je? Elle naquit chrétienne;
J'ai pour la délivrer ta parole et la sienne;
Et quant à Lusignan, ce vieillard malheureux,
Pourrait-il... ?

OROSMANE.

Je t'ai dit, chrétien, que je le veux.
J'honore ta vertu; mais cette humeur altière,
Se faisant estimer, commence à me déplaire :
Sors, et que le soleil levé sur mes états
Demain près du Jourdain ne te retrouve pas.

(*Nérestan sort.*)

FATIME.

O Dieu, secourez-nous!

OROSMANE.

Et vous, allez, Zaïre,
Prenez dans le sérail un souverain empire ;

Commandez en sultane; et je vais ordonner
La pompe d'un hymen qui vous doit couronner.

SCÈNE V.

OROSMANE, CORASMIN.

OROSMANE.

Corasmin, que veut donc cet esclave infidèle?
Il soupirait... ses yeux se sont tournés vers elle,
Les as-tu remarqués?

CORASMIN.

Que dites-vous, Seigneur?
De ce soupçon jaloux écoutez-vous l'erreur?

OROSMANE.

Moi, jaloux! qu'à ce point ma fierté s'avilisse!
Que j'éprouve l'horreur de ce honteux supplice!
Moi! que je puisse aimer comme l'on sait haïr!
Quiconque est soupçonneux invite à le trahir.
Je vois à l'amour seul ma maîtresse asservie;
Cher Corasmin, je l'aime avec idolâtrie:
Mon amour est plus fort, plus grand que mes bienfaits.
Je ne suis point jaloux... si je l'étais jamais...
Si mon cœur... Ah! chassons cette importune idée:
D'un plaisir pur et doux mon âme est possédée.
Va, fais tout préparer pour ces momens heureux
Qui vont joindre ma vie à l'objet de mes vœux.
Je vais donner une heure aux soins de mon empire,
Et le reste du jour sera tout à Zaïre.

FIN DU PREMIER ACTE.

ACTE II.

SCÈNE PREMIÈRE.

NÉRESTAN, CHATILLON.

CHATILLON.

O brave Nérestan, chevalier généreux.
Vous qui brisez les fers de tant de malheureux,
Vous, sauveur des chrétiens qu'un dieu sauveur envoie
Paraissez, montrez-vous, goûtez la douce joie
De voir nos compagnons, pleurant à vos genoux,
Baiser l'heureuse main qui nous délivre tous.
Aux portes du sérail en foule ils vous demandent;
Ne privez point leurs yeux du héros qu'ils attendent,
Et qu'unis à jamais sous notre bienfaiteur...

NÉRESTAN.

Illustre Chatillon, modérez cet honneur;
J'ai rempli d'un Français le devoir ordinaire,
J'ai fait ce qu'à ma place on vous aurait vu faire.

CHATILLON

Sans doute, et tout chrétien, tout digne chevalier
Pour sa religion se doit sacrifier;
Et la félicité des cœurs tels que les nôtres
Consiste à tout quitter pour le bonheur des autres.
Heureux à qui le Ciel a donné le pouvoir

De remplir comme vous un si noble devoir !
Pour nous, tristes jouets du sort qui nous opprime,
Nous, malheureux Français, esclaves dans Solyme,
Oubliés dans les fers, où, long-temps sans secours ;
Le père d'Orosmane abandonna nos jours ;
Jamais nos yeux sans vous ne reverraient la France.

NÉRESTAN.

Dieu s'est servi de moi, Seigneur; sa providence
De ce jeune Orosmane a fléchi la rigueur.
Mais quel triste mélange altère ce bonheur!
Que de ce fier soudan la clémence odieuse
Répand sur ses bienfaits une amertume affreuse!
Dieu me voit et m'entend ; il sait si dans mon cœur
J'avais d'autres projets que ceux de sa grandeur.
Je faisais tout pour lui ; j'espérais de lui rendre
Une jeune beauté qu'à l'âge le plus tendre
Le cruel Noradin fit esclave avec moi,
Lorsque les ennemis de notre auguste foi,
Baignant de notre sang la Syrie enivrée,
Surprirent Lusignan vaincu dans Césarée.
Du sérail des sultans sauvé par des chrétiens,
Remis depuis trois ans dans mes premiers liens,
Renvoyé dans Paris sur ma seule parole,
Seigneur, je me flattais, espérance frivole !
De ramener Zaïre à cette heureuse cour
Où Louis des vertus a fixé le séjour :
Déjà même la reine, à mon zèle propice,
Lui tendait de son trône une main protectrice.
Enfin, lorsqu'elle touche au moment souhaité
Qui la tirait du sein de la captivité,
On la retient... Que dis-je?... Ah? Zaïre elle-même

Oubliant les chrétiens pour ce soudan qui l'aime...
N'y pensons plus... Seigneur, un refus plus cruel
Vient m'accabler encor d'un déplaisir mortel :
Des chrétiens malheureux l'espérance est trahie.

CHATILLON.

Je vous offre pour eux ma liberté, ma vie;
Disposez-en, Seigneur, elle vous appartient.

NÉRESTAN.

Seigneur, ce Lusignan qu'à Solyme on retient,
Ce dernier d'une race en héros si féconde,
Ce guerrier dont la gloire avait rempli le monde,
Ce héros malheureux, de Bouillon descendu,
Aux soupirs des chrétiens ne sera point rendu.

CHATILLON.

Seigneur, s'il est ainsi, votre faveur est vaine :
Quel indigne soldat voudrait briser sa chaîne
Alors que dans les fers son chef est retenu?
Lusignan comme à moi ne vous est pas connu.
Seigneur, remerciez le Ciel dont la clémence
A pour votre bonheur placé votre naissance
Long-temps après ces jours à jamais détestés,
Après ces jours de sang et de calamités
Où je vis sous le joug de nos barbares maîtres
Tomber ces murs sacrés conquis par nos ancêtres.
Ciel! si vous aviez vu ce temple abandonné,
Du dieu que nous servons le tombeau profané,
Nos pères, nos enfans, nos filles et nos femmes,
Au pied de nos autels expirant dans les flammes,
Et notre dernier roi, courbé du faix des ans,
Massacré sans pitié sur ses fils expirans!
Lusignan, le dernier de cette auguste race,

Dans ces momens affreux ranimant notre audace,
Au milieu des débris des temples renversés,
Des vainqueurs, des vaincus, et des morts entassés,
Terrible, et d'une main reprenant cette épée
Dans le sang infidèle à tout moment trempée,
Et de l'autre à nos yeux montrant avec fierté
De notre sainte foi le signe redouté,
Criant à haute voix : Français, soyez fidèles...
Sans doute, en ce moment, le couvrant de ses ailes,
La vertu du Très-Haut, qui nous sauve aujourd'hui,
Aplanissait sa route et marchait devant lui,
Et des tristes chrétiens la foule délivrée
Vint porter avec nous ses pas dans Césarée :
Là, par nos chevaliers, d'une commune voix,
Lusignan fut choisi pour nous donner des lois.
O mon cher Nérestan, Dieu, qui nous humilie,
N'a pas voulu sans doute, en cette courte vie,
Nous accorder le prix qu'il doit à la vertu;
Vainement pour son nom nous avons combattu.
Ressouvenir affreux, dont l'horreur me dévore!
Jérusalem en cendre, hélas! fumait encore,
Lorsque dans notre asile attaqués et trahis,
Et livrés par un Grec à nos fiers ennemis,
La flamme dont brûla Sion désespérée
S'étendit en fureur aux murs de Césarée :
Ce fut là le dernier de trente ans de revers;
Là je vis Lusignan chargé d'indignes fers :
Insensible à sa chute, et grand dans ses misères,
Il n'était attendri que des maux de ses frères.
Seigneur, depuis ce temps, ce père des chrétiens,
Resserré loin de nous, blanchi dans ses liens,

Gémit dans un cachot, privé de la lumière,
Oublié de l'Asie et de l'Europe entière;
Tel est son sort affreux: qui pourrait aujourd'hui,
Quand il souffre pour nous, se voir heureux sans lui?

NÉRESTAN.

Ce bonheur, il est vrai, serait d'un cœur barbare.
Que je hais le destin qui de lui nous sépare!
Que vers lui vos discours m'ont sans peine entraîné!
Je connais ses malheurs, avec eux je suis né;
Sans un trouble nouveau je n'ai pu les entendre;
Votre prison, la sienne, et Césarée en cendre,
Sont les premiers objets, sont les premiers revers
Qui frappèrent mes yeux à peine encore ouverts.
Je sortais du berceau; ces images sanglantes
Dans vos tristes récits me sont encor présentes.
Au milieu des chrétiens dans un temple immolés,
Quelques enfans, Seigneur, avec moi rassemblés,
Arrachés par des mains de carnage fumantes
Aux bras ensanglantés de nos mères tremblantes,
Nous fûmes transportés dans ce palais des rois,
Dans ce même sérail, Seigneur, où je vous vois.
Noradin m'éleva près de cette Zaïre,
Qui depuis... pardonnez si mon cœur en soupire,
Qui depuis, égarée en ce funeste lieu,
Pour un maître barbare abandonna son dieu.

CHATILLON.

Telle est des musulmans la funeste prudence;
De leurs chrétiens captifs ils séduisent l'enfance:
Et je bénis le Ciel, propice à nos desseins,
Qui dans vos premiers ans vous sauva de leurs mains.
Mais, Seigneur, après tout, cette Zaïre même

Qui renonce aux chrétiens pour le soudan qui l'aime,
De son crédit au moins nous pourrait secourir :
Qu'importe de quel bras Dieu daigne se servir ?
M'en croirez-vous ? le juste, aussi bien que le sage,
Du crime et du malheur sait tirer avantage.
Vous pourriez de Zaïre employer la faveur
A fléchir Orosmane, à toucher son grand cœur,
A nous rendre un héros que lui-même a dû plaindre,
Que sans doute il admire, et qui n'est plus à craindre.

NÉRESTAN.

Mais ce même héros, pour briser ses liens,
Voudra-t-il qu'on s'abaisse à ces honteux moyens ?
Et quand il le voudrait, est-il en ma puissance
D'obtenir de Zaïre un moment d'audience ?
Croyez-vous qu'Orosmane y daigne consentir ?
Le sérail à ma voix pourra-t-il se rouvrir ?
Quand je pourrais enfin paraître devant elle,
Que faut-il espérer d'une femme infidèle,
A qui mon seul aspect doit tenir lieu d'affront,
Et qui lira sa honte écrite sur mon front ?
Seigneur, il est bien dur pour un cœur magnanime
D'attendre des secours de ceux qu'on mésestime ;
Leurs refus sont affreux, leurs bienfaits font rougir.

CHATILLON.

Songez à Lusignan, songez à le servir.

NÉRESTAN.

Eh bien... Mais quels chemins jusqu'à cette infidèle
Pourront... On vient à nous. Que vois-je ? ô Ciel ! c'est elle.

SCÈNE II.

ZAIRE, CHATILLON, NÉRESTAN.

ZAÏRE, *à Nérestan.*

C'est vous, digne Français, à qui je viens parler :
Le soudan le permet, cessez de vous troubler ;
Et rassurant mon cœur, qui tremble à votre approche,
Chassez de vos regards la plainte et le reproche.
Seigneur, nous nous craignons, nous rougissons tous deu
Je souhaite et je crains de rencontrer vos yeux.
L'un à l'autre attachés depuis notre naissance,
Une affreuse prison renferma notre enfance ;
Le sort nous accabla du poids des mêmes fers,
Que la tendre amitié nous rendait plus légers.
Il me fallut depuis gémir de votre absence;
Le Ciel porta vos pas aux rives de la France :
Prisonnier dans Solyme, enfin je vous revis ;
Un entretien plus libre alors m'était permis ;
Esclave dans la foule, où j'étais confondue,
Aux regards du soudan je vivais inconnue.
Vous daignâtes bientôt, soit grandeur, soit pitié,
Soit plutôt digne effet d'une pure amitié,
Revoyant des Français le glorieux empire,
Y chercher la rançon de la triste Zaïre :
Vous l'apportez ; le Ciel a trompé vos bienfaits ;
Loin de vous dans Solyme il m'arrête à jamais.
Mais quoi que ma fortune ait d'éclat et de charmes,
Je ne puis vous quitter sans répandre des larmes ;
Toujours de vos bontés je vais m'entretenir,
Chérir de vos vertus le tendre souvenir.

Comme vous des humains soulager la misère,
Protéger les chrétiens, leur tenir lieu de mère :
Vous me les rendez chers, et ces infortunés...

NÉRESTAN.

Vous, les protéger ! vous, qui les abandonnez ?
Vous, qui des Lusignans foulant aux pieds la cendre...

ZAÏRE.

Je la viens honorer, Seigneur ; je viens vous rendre
Le dernier de ce sang, votre amour, votre espoir :
Oui, Lusignan est libre, et vous l'allez revoir.

CHATILLON.

O Ciel ! nous reverrions notre appui, notre père !

NÉRESTAN.

Les chrétiens vous devraient une tête si chère !

ZAÏRE.

J'avais sans espérance osé la demander :
Le généreux soudan veut bien nous l'accorder ;
On l'amène en ces lieux.

NÉRESTAN.

Que mon âme est émue !

ZAÏRE.

Mes larmes, malgré moi, me dérobent sa vue ;
Ainsi que ce vieillard j'ai langui dans les fers :
Qui ne sait compatir aux maux qu'on a soufferts !

NÉRESTAN.

Grand Dieu ! que de vertu dans une âme infidèle !

SCÈNE III.

ZAIRE, LUSIGNAN, CHATILLON, NÉRESTAN,
PLUSIEURS ESCLAVES CHRÉTIENS.

LUSIGNAN.

Du séjour du trépas quelle voix me rappelle?
Suis-je avec des chrétiens?... Guidez mes pas tremblan
Mes maux m'ont affaibli plus encor que mes ans.
(*en s'asseyant.*)
Suis-je libre en effet?

ZAÏRE.

Oui, Seigneur, oui, vous l'êtes.

CHATILLON.

Vous vivez! vous calmez nos douleurs inquiètes.
Tous nos tristes chrétiens....

LUSIGNAN

O jour! ô douce voix!
Chatillon, c'est donc vous? c'est vous que je revois!
Martyr, ainsi que moi, de la foi de nos pères,
Le dieu que nous servons finit-il nos misères?
En quels lieux sommes-nous? Aidez mes faibles yeux.

CHATILLON.

C'est ici le palais qu'ont bâti vos aïeux;
Du fils de Noradin c'est le séjour profane.

ZAÏRE.

Le maître de ces lieux, le puissant Orosmane,
Sait connaître, Seigneur, et chérir la vertu.
Ce généreux français qui vous est inconnu,
(*en montrant Nérestan.*)
Par la gloire amené des rives de la France,

Venait de dix chrétiens payer la délivrance :
Le soudan, comme lui, gouverné par l'honneur,
Croit, en vous délivrant, égaler son grand cœur.

LUSIGNAN.

Des chevaliers français tel est le caractère;
Leur noblesse en tout temps me fut utile et chère.
Trop digne chevalier, quoi! vous passez les mers,
Pour soulager nos maux et pour briser nos fers?
Ah! parlez, à qui dois-je un service si rare?

NÉRESTAN.

Mon nom est Nérestan; le sort, long-temps barbare,
Qui dans les fers ici me mit presque en naissant,
Me fit quitter bientôt l'empire du croissant :
A la cour de Louis, guidé par mon courage,
De la guerre sous lui j'ai fait l'apprentissage;
Ma fortune et mon rang sont un don de ce roi,
Si grand par sa valeur, et plus grand par sa foi.
Je le suivis, Seigneur, au bord de la Charente,
Lorsque du fier Anglais la valeur menaçante,
Cédant à nos efforts trop long-temps captivés,
Satisfit en tombant aux lis qu'ils ont bravés.
Venez, Prince, et montrez au plus grand des monarques,
De vos fers glorieux les vénérables marques :
Paris va révérer le martyr de la croix;
Et la cour de Louis est l'asile des rois.

LUSIGNAN.

Hélas! de cette cour j'ai vu jadis la gloire.
Quand Philippe à Bovine enchaînait la victoire,
Je combattais, Seigneur, avec Montmorenci,
Melun, d'Estaing, de Nesle, et ce fameux Couci,
Mais à revoir Paris je ne dois plus prétendre :

Vous voyez qu'au tombeau je suis prêt à descendre;
Je vais au roi des rois demander aujourd'hui
Le prix de tous les maux que j'ai soufferts pour lui.
Vous, généreux témoin de mon heure dernière,
Tandis qu'il en est temps, écoutez ma prière :
Nérestan, Chatillon, et vous.... de qui les pleurs
Dans ces momens si chers honorent mes malheurs,
Madame, ayez pitié du plus malheureux père
Qui jamais ait du Ciel éprouvé la colère,
Qui répand devant vous des larmes que le temps
Ne peut encor tarir dans mes yeux expirans.
Une fille, trois fils, ma superbe espérance,
Me furent arrachés dès leur plus tendre enfance :
O mon cher Chatillon, tu dois t'en souvenir.

CHATILLON.

De vos malheurs encor vous me voyez frémir.

LUSIGNAN.

Prisonnier avec moi dans Césarée en flamme,
Tes yeux virent périr mes deux fils et ma femme.

CHATILLON.

Mon bras chargé de fers ne les put secourir.

LUSIGNAN.

Hélas ! et j'étais père, et je ne pus mourir !
Veillez du haut des cieux, chers enfans que j'implore,
Sur mes autres enfans, s'ils sont vivans encore.
Mon dernier fils, ma fille, aux chaînes réservés,
Par de barbares mains pour servir conservés,
Loin d'un père accablé furent portés ensemble
Dans ce même sérail où le Ciel nous rassemble.

CHATILLON.

Il est vrai; dans l'horreur de ce péril nouveau,

Je tenais votre fille à peine en son berceau;
Ne pouvant la sauver, Seigneur, j'allais moi-même
Répandre sur son front l'eau sainte du baptême;
Lorsque les Sarrasins, de carnage fumans,
Revinrent l'arracher à mes bras tout sanglans.
Votre plus jeune fils, à qui les destinées
Avaient à peine encore accordé quatre années,
Trop capable déjà de sentir son malheur,
Fut dans Jérusalem conduit avec sa sœur.

NÉRESTAN.

De quel ressouvenir mon âme est déchirée!
A cet âge fatal j'étais dans Césarée,
Et tout couvert de sang, et chargé de liens,
Je suivis en ces lieux la foule des chrétiens.

LUSIGNAN.

Vous... Seigneur!... ce sérail éleva votre enfance?...
(en les regardant.)
Hélas! de mes enfans auriez-vous connaissance?
Ils seraient de votre âge, et peut-être mes yeux....
Quel ornement, Madame, étranger en ces lieux?
Depuis quand l'avez-vous?

ZAÏRE.

Depuis que je respire.
Seigneur...eh quoi! d'où vient que votre âme soupire?

LUSIGNAN.

Ah! daignez confier à mes tremblantes mains....

ZAÏRE.

De quel trouble nouveau tous mes sens sont atteints!
Seigneur, que faites-vous?

LUSIGNAN.

O Ciel! ô providence!

Mes yeux, ne trompez point ma timide espérance;
Serait-il bien possible? oui, c'est elle... je voi
Ce présent qu'une épouse avait reçu de moi,
Et qui de mes enfans ornait toujours la tête,
Lorsque de leur naissance on célébrait la fête:
Je revois.... je succombe à mon saisissement.

ZAÏRE.

Qu'entends-je? et quel soupçon m'agite en ce moment!
Ah, Seigneur!

LUSIGNAN.

Dans l'espoir dont j'entrevois les charmes.
Ne m'abandonnez pas, Dieu qui voyez mes larmes!
Dieu mort sur cette croix, et qui revis pour nous,
Parle, achève, ô mon Dieu! ce sont là de tes coups.
Quoi! Madame, en vos mains elle était demeurée?
Quoi! tous les deux captifs, et pris dans Césarée?

ZAÏRE.

Oui, Seigneur.

NÉRESTAN.

Se peut-il?

LUSIGNAN.

Leur parole, leurs traits
De leur mère en effet sont les vivans portraits.
Oui, grand Dieu; tu le veux, tu permets que je voie!...
Dieu, ranime mes sens trop faibles pour ma joie!
Madame... Nérestan... Soutiens-moi, Chatillon...
Nérestan, si je dois vous nommer de ce nom,
Avez-vous dans le sein la cicatrice heureuse
Du fer dont à mes yeux une main furieuse....

NÉRESTAN.

Oui, Seigneur, il est vrai.

LUSIGNAN.

Dieu juste! heureux momens!

NÉRESTAN, *se jetant à genoux.*

Ah, Seigneur, ah, Zaïre!

LUSIGNAN.

Approchez, mes enfans.

NÉRESTAN.

Moi, votre fils!

ZAÏRE.

Seigneur!

LUSIGNAN.

Heureux jour qui m'éclaire;
Ma fille! mon cher fils! embrassez votre père.

CHATILLON.

Que d'un bonheur si grand mon cœur se sent toucher!

LUSIGNAN.

De vos bras, mes enfans, je ne puis m'arracher.
Je vous revois enfin, chère et triste famille,
Mon fils, digne héritier...vous... hélas! vous? ma fille!
Dissipez mes soupçons, ôtez-moi cette horreur,
Ce trouble qui m'accable au comble du bonheur.
Toi qui seul as conduit sa fortune et la mienne,
Mon Dieu qui me la rends, me la rends-tu chrétienne?
Tu pleures, malheureuse, et tu baisses les yeux!
Tu te tais! je t'entends! ô crime! ô justes cieux!

ZAÏRE.

Je ne puis vous tromper, sous les lois d'Orosmane...
Punissez votre fille... elle était musulmane.

LUSIGNAN.

Que la foudre en éclats ne tombe que sur moi!
Ah, mon fils! à ces mots j'eusse expiré sans toi.

Mon Dieu! j'ai combattu soixante ans pour ta gloire!
J'ai vu tomber ton temple, et périr ta mémoire;
Dans un cachot affreux abandonné vingt ans,
Mes larmes t'imploraient pour mes tristes enfans;
Et, lorsque ma famille est par toi réunie,
Quand je trouve une fille, elle est ton ennemie!
Je suis bien malheureux... c'est ton père, c'est moi,
C'est ta seule prison qui t'a ravi ta foi.
Ma fille, tendre objet de mes dernières peines,
Songe au moins, songe au sang qui coule dans tes veines;
C'est le sang de vingt rois, tous chrétiens comme moi;
C'est le sang des héros, défenseurs de ma loi;
C'est le sang des martyrs... O fille encor trop chère!
Connais-tu ton destin? sais-tu quelle est ta mère?
Sais-tu bien qu'à l'instant que son flanc mit au jour
Ce triste et dernier fruit d'un malheureux amour,
Je la vis massacrer par la main forcenée,
Par la main des brigands à qui tu t'es donnée?
Tes frères, ces martyrs égorgés à mes yeux,
T'ouvrent leurs bras sanglans, tendus du haut des cieu
Ton dieu que tu trahis, ton dieu que tu blasphèmes,
Pour toi, pour l'univers, est mort en ces lieux mêmes,
En ces lieux où mon bras le servit tant de fois,
En ces lieux où son sang te parle par ma voix.
Vois ces murs, vois ce temple envahi par tes maîtres;
Tout annonce le dieu qu'ont vengé tes ancêtres:
Tourne les yeux, sa tombe est près de ce palais;
C'est ici la montagne où, lavant nos forfaits,
Il voulut expirer sous les coups de l'impie;
C'est là que de sa tombe il rappela sa vie;
Tu ne saurais marcher dans cet auguste lieu,

Tu n'y peux faire un pas sans y trouver ton dieu;
Et tu n'y peux rester sans renier ton père,
Ton honneur qui te parle, et ton dieu qui t'éclaire.
Je te vois dans mes bras et pleurer et frémir;
Sur ton front pâlissant Dieu met le repentir;
Je vois la vérité dans ton cœur descendue :
Je retrouve ma fille après l'avoir perdue;
Et je reprends ma gloire et ma félicité,
En dérobant mon sang à l'infidélité.

NÉRESTAN.

Je revois donc ma sœur!.. Et son âme.

ZAÏRE.

Ah, mon père!
Cher auteur de mes jours, parlez, que dois-je faire?

LUSIGNAN.

M'ôter par un seul mot ma honte et mes ennuis;
Dire : Je suis chrétienne.

ZAÏRE.

Oui... Seigneur... je le suis.

LUSIGNAN.

Dieu, reçois son aveu du sein de ton empire!

SCÈNE IV.

ZAIRE, LUSIGNAN, CHATILLON, NÉRESTAN, CORASMIN.

CORASMIN.

Madame, le soudan m'ordonne de vous dire
Qu'à l'instant de ces lieux il faut vous retirer,
Et de ces vils chrétiens surtout vous séparer.
Vous, Français, suivez-moi; de vous je dois répondre.

CHATILLON.

Où sommes-nous, grand Dieu! Quel coup vient nous co

LUSIGNAN.

Notre courage, amis, doit ici s'animer.

ZAÏRE.

Hélas, Seigneur!

LUSIGNAN.

O vous que je n'ose nommer,
Jurez-moi de garder un secret si funeste.

ZAÏRE.

Je vous le jure.

LUSIGNAN.

Allez; le Ciel fera le reste.

FIN DU SECOND ACTE.

ACTE III.

SCÈNE PREMIÈRE.

ORASMANE, CORASMIN.

OROSMANE.

Vous étiez, Corasmin, trompé par vos alarmes;
Non, Louis contre moi ne tourne point ses armes;
Les Français sont lassés de chercher désormais
Des climats que pour eux le destin n'a point faits;
Ils n'abandonnent point leur fertile patrie
Pour languir aux déserts de l'aride Arabie,
Et venir arroser de leur sang odieux
Ces palmes, que pour nous Dieu fait croître en ces lieux.
Ils couvrent de vaisseaux la mer de la Syrie;
Louis, des bords de Chypre, épouvante l'Asie:
Mais j'apprends que ce roi s'éloigne de nos ports;
De la féconde Égypte il menace les bords:
J'en reçois à l'instant la première nouvelle;
Contre les Mamelus son courage l'appelle:
Il cherche Mélédin, mon secret ennemi;
Sur leurs divisions mon trône est affermi.
Je ne crains plus enfin l'Égypte ni la France;
Nos communs ennemis cimentent ma puissance,
Et, prodigues d'un sang qu'ils devraient ménager,

Prennent en s'immolant le soin de me venger.
Relâche ces chrétiens, ami, je les délivre;
Je veux plaire à leur maître, et leur permets de vivre.
Je veux que sur la mer on les mène à leur roi,
Que Louis me connaisse, et respecte ma foi.
Mène-lui Lusignan; dis-lui que je lui donne
Celui que la naissance allie à sa couronne,
Celui que par deux fois mon père avait vaincu,
Et qu'il tint enchaîné tandis qu'il a vécu.

CORASMIN.

Son nom cher aux chrétiens...

OROSMANE.

Son nom n'est point à craindre.

CORASMIN.

Mais, Seigneur, si Louis...

OROSMANE.

Il n'est plus temps de feindre;
Zaïre l'a voulu, c'est assez; et mon cœur,
En donnant Lusignan, le donne à mon vainqueur.
Louis est peu pour moi; je fais tout pour Zaïre :
Nul autre sur mon cœur n'aurait pris cet empire.
Je viens de l'affliger, c'est à moi d'adoucir
Le déplaisir mortel qu'elle a dû ressentir,
Quand, sur les faux avis des desseins de la France,
J'ai fait à ces chrétiens un peu de violence.
Que dis-je? ces momens perdus dans mon conseil
Ont de ce grand hymen suspendu l'appareil :
D'une heure encore, ami, mon bonheur se diffère;
Mais j'emploirai du moins ce temps à lui complaire.
Zaïre ici demande un secret entretien
Avec ce Nérestan, ce généreux chrétien...

CORASMIN.

Et vous avez, Seigneur, encor cette indulgence?

OROSMANE.

Ils ont été tous deux esclaves dans l'enfance,
Ils ont porté mes fers, ils ne se verront plus;
Zaïre enfin de moi n'aura point un refus.
Je ne m'en défends point, je foule aux pieds pour elle
Des rigueurs du sérail la contrainte cruelle;
J'ai méprisé ces lois dont l'âpre austérité
Fait d'une vertu triste une nécessité.
Je ne suis point formé du sang asiatique;
Né parmi les rochers, au sein de la Taurique,
Des Scythes mes aïeux je garde la fierté,
Leurs mœurs, leurs passions, leur générosité:
Je consens qu'en partant Nérestan la revoie:
Je veux que tous les cœurs soient heureux de ma joie.
Après ce peu d'instans volés à mon amour,
Tous ses momens, ami, sont à moi sans retour.
Va; ce chrétien attend, et tu peux l'introduire;
Presse son entretien; obéis à Zaïre.

SCÈNE II.

CORASMIN, NÉRESTAN.

CORASMIN.

En ces lieux un moment tu peux encor rester:
Zaïre à tes regards viendra se présenter.

SCÈNE III.

NÉRESTAN *seul.*

En quel état, ô Ciel! en quels lieux je la laisse?
O ma religion! ô mon père! ô tendresse!
Mais je la vois.

SCÈNE IV.

ZAIRE, NÉRESTAN.

NÉRESTAN.

Ma sœur, je puis donc vous parler?
Ah! dans quel temps le Ciel nous voulut rassembler!
Vous ne reverrez plus un trop malheureux père.

ZAÏRE.

Dieu! Lusignan?

NÉRESTAN.

Il touche à son heure dernière.
Sa joie, en nous voyant, par de trop grands efforts,
De ses sens affaiblis a rompu les ressorts;
Et cette émotion, dont son âme est remplie,
A bientôt épuisé les sources de sa vie.
Mais, pour comble d'horreurs, à ces derniers momens,
Il doute de sa fille et de ses sentimens;
Il meurt dans l'amertume, et son âme incertaine
Demande en soupirant si vous êtes chrétienne.

ZAÏRE.

Quoi! je suis votre sœur, et vous pouvez penser
Qu'à mon sang, à ma loi j'aille ici renoncer?

NÉRESTAN.

Ah, ma sœur! cette loi n'est pas la vôtre encore ;
Le jour qui vous éclaire est pour vous à l'aurore ;
Vous n'avez point reçu ce gage précieux
Qui nous lave du crime, et nous ouvre les cieux :
Jurez par nos malheurs, et par votre famille,
Par ces martyrs sacrés de qui vous êtes fille,
Que vous voulez ici recevoir aujourd'hui
Le sceau du dieu vivant qui nous attache à lui.

ZAÏRE.

Oui, je jure en vos mains, par ce dieu que j'adore,
Par sa loi que je cherche, et que mon cœur ignore,
De vivre désormais sous cette sainte loi...
Mais, mon cher frère... hélas! que veut-elle de moi ?
Que faut-il?

NÉRESTAN.

Détester l'empire de vos maîtres ;
Servir, aimer ce Dieu qu'ont aimé nos ancêtres,
Qui, né près de ces murs, est mort ici pour nous,
Qui nous a rassemblés, qui m'a conduit vers vous.
Est-ce à moi d'en parler ? moins instruit que fidèle,
Je ne suis qu'un soldat, et je n'ai que du zèle ;
Un pontife sacré viendra jusqu'en ces lieux
Vous apporter la vie, et dessiller vos yeux.
Songez à vos sermens ; et que l'eau du baptême
Ne vous apporte point la mort et l'anathème.
Obtenez qu'avec lui je puisse revenir.
Mais à quel titre, ô Ciel, faut-il donc l'obtenir?
A qui le demander dans ce sérail profane?.....
Vous, le sang de vingt rois, esclave d'Orosmane!
Parente de Louis, fille de Lusignan !

Vous chrétienne, et ma sœur, esclave d'un soudan!
Vous m'entendez... je n'ose en dire davantage.
Dieu! nous réserviez-vous à ce dernier outrage?

ZAÏRE.

Ah, cruel! poursuivez; vous ne connaissez pas
Mon secret, mes tourmens, mes vœux, mes attentats :
Mon frère, ayez pitié d'une sœur égarée,
Qui brûle, qui gémit, qui meurt désespérée.
Je suis chrétienne, hélas!... j'attends avec ardeur
Cette eau sainte, cette eau qui peut guérir mon cœur.
Non, je ne serai point indigne de mon frère,
De mes aïeux, de moi, de mon malheureux père.
Mais parlez à Zaïre, et ne lui cachez rien,
Dites... quelle est la loi de l'empire chrétien?...
Quel est le châtiment pour une infortunée,
Qui, loin de ses parens, aux fers abandonnée,
Trouvant chez un barbare un généreux appui,
Aurait touché son âme et s'unirait à lui?

NÉRESTAN.

O Ciel! que dîtes-vous? ah! la mort la plus prompte
Devrait...

ZAÏRE.

C'en est assez, frappe, et préviens ta honte.

NÉRESTAN.

Qui? vous? ma sœur!

ZAÏRE.

C'est moi que je viens d'accuser.
Orosmane m'adore... et j'allais l'épouser.

NÉRESTAN.

L'épouser! est-il vrai, ma sœur? est-ce vous-même?
Vous, la fille des rois?

ZAÏRE.

Frappe, dis-je; je l'aime.

NÉRESTAN.

Opprobre malheureux du sang dont vous sortez,
Vous demandez la mort, et vous la méritez :
Et si je n'écoutais que ta honte et ma gloire,
L'honneur de ma maison, mon père, sa mémoire;
Si la loi de ton dieu, que tu ne connais pas,
Si ma religion ne retenait mon bras,
J'irais dans ce palais, j'irais au moment même,
Immoler de ce fer un barbare qui t'aime,
De son indigne flanc le plonger dans le tien,
Et ne l'en retirer que pour percer le mien.
Ciel! tandis que Louis, l'exemple de la terre,
Au Nil épouvanté ne va porter la guerre
Que pour venir bientôt, frappant des coups plus sûrs,
Délivrer ton dieu même et lui rendre ces murs,
Zaïre cependant, ma sœur, son alliée,
Au tyran d'un sérail par l'hymen est liée?
Et je vais donc apprendre à Lusignan trahi
Qu'un Tartare est le dieu que sa fille a choisi?
Dans ce moment affreux, hélas! ton père expire
En demandant à Dieu le salut de Zaïre.

ZAÏRE.

Arrête, mon cher frère... arrête, connais-moi;
Peut-être que Zaïre est digne encor de toi.
Mon frère, épargne-moi cet horrible langage;
Ton courroux, ton reproche est un plus grand outrage,
Plus sensible pour moi, plus dur que ce trépas
Que je te demandais et que je n'obtiens pas.
L'état où tu me vois accable ton courage;

Tu souffres, je le vois; je souffre davantage :
Je voudrais que du Ciel le barbare secours
De mon sang dans mon cœur eût arrêté le cours,
Le jour qu'empoisonné d'une flamme profane,
Ce pur sang des chrétiens brûla pour Orosmane,
Le jour que de ta sœur Orosmane charmé...
Pardonnez-moi, chrétiens; qui ne l'aurait aimé?
Il faisait tout pour moi; son cœur m'avait choisie;
Je voyais sa fierté pour moi seule adoucie :
C'est lui qui des chrétiens a ranimé l'espoir;
C'est à lui que je dois le bonheur de te voir:
Pardonne; ton courroux, mon père, ma tendresse
Mes sermens, mon devoir, mes remords, ma faiblesse,
Me servent de supplice, et ta sœur en ce jour
Meurt de son repentir plus que de son amour.

NÉRESTAN.

Je te blâme, et te plains; crois-moi, la Providence
Ne te laissera point périr sans innocence :
Je te pardonne, hélas! ces combats odieux;
Dieu ne t'a point prêté son bras victorieux :
Ce bras, qui rend la force aux plus faibles courages,
Soutiendra ce roseau plié par les orages;
Il ne souffrira pas qu'à son culte engagé,
Entre un barbare et lui ton cœur soit partagé.
Le baptême éteindra ces feux dont il soupire,
Et tu vivras fidèle, ou périras martyre.
Achève donc ici ton serment commencé;
Achève, et, dans l'horreur dont ton cœur est pressé,
Promets au roi Louis, à l'Europe, à ton père,
Au dieu qui déjà parle à ce cœur si sincère,
De ne point accomplir cet hymen odieux

Avant que le pontife ait éclairé tes yeux,
Avant qu'en ma présence il te fasse chrétienne,
Et que Dieu par ses mains t'adopte et te soutienne.
Le promets-tu, Zaïre?...

ZAÏRE.

Oui, je te le promets;
Rends-moi chrétienne et libre; à tout je me soumets.
Va, d'un père expirant va fermer la paupière,
Va, je voudrais te suivre et mourir la première.

NÉRESTAN.

Je pars. Adieu, ma sœur, adieu: puisque mes vœux
Ne peuvent t'arracher à ce palais honteux,
Je reviendrai bientôt par un heureux baptême
T'arracher aux enfers, et te rendre à toi-même.

SCÈNE V.

ZAIRE *seule.*

Me voilà seule, ô Dieu! que vais-je devenir?
Dieu, commande à mon cœur de ne te point trahir!
Hélas! suis-je en effet française, ou musulmane?
Fille de Lusignan, ou femme d'Orosmane?
Suis-je amante ou chrétienne? O sermens que j'ai faits!
Mon père, mon pays, vous serez satisfaits!
Fatime ne vient point. Quoi, dans ce trouble extrême
L'univers m'abandonne! on me laisse à moi-même!
Mon cœur peut-il porter, seul et privé d'appui,
Le fardeau des devoirs qu'on m'impose aujourd'hui?
A ta loi, Dieu puissant! oui, mon âme est rendue;
Mais fais que mon amant s'éloigne de ma vue.
Cher amant! ce matin l'aurais-je pu prévoir

Que je dusse aujourd'hui redouter de te voir?
Moi, qui, de tant de feux justement possédée,
N'avais d'autre bonheur, d'autre soin, d'autre idée
Que de t'entretenir, d'écouter ton amour,
Te voir, te souhaiter, attendre ton retour!
Hélas! et je t'adore, et t'aimer est un crime!

SCÈNE VI.

ZAIRE, OROSMANE.

OROSMANE.

Paraissez, tout est prêt, et l'ardeur qui m'anime
Ne souffre plus, Madame, aucun retardement:
Les flambeaux de l'hymen brillent pour votre amant;
Les parfums de l'encens remplissent la mosquée;
Du dieu de Mahomet la puissance invoquée
Confirme mes sermens, et préside à mes feux:
Mon peuple prosterné pour vous offre ses vœux;
Tout tombe à vos genoux; vos superbes rivales,
Qui disputaient mon cœur et marchaient vos égales,
Heureuses de vous suivre et de vous obéir,
Devant vos volontés vont apprendre à fléchir:
Le trône, les festins, et la cérémonie,
Tout est prêt; commencez le bonheur de ma vie.

ZAÏRE.

Où suis-je, malheureuse! ô tendresse! ô douleur!

OROSMANE.

Venez.

ZAÏRE.

Où me cacher?

OROSMANE.

Que dites-vous?

ZAÏRE.

Seigneur!

OROSMANE.

Donnez-moi votre main; daignez, belle Zaïre.....

ZAÏRE.

Dieu de mon père! hélas! que pourrai-je lui dire?

OROSMANE.

Que j'aime à triompher de ce tendre embarras!
Qu'il redouble ma flamme et mon bonheur!...

ZAÏRE.

Hélas!

OROSMANE.

Ce trouble à mes désirs vous rend encor plus chère;
D'une vertu modeste il est le caractère.
Digne et charmant objet de ma constante foi,
Venez, ne tardez plus.

ZAÏRE.

Fatime, soutiens-moi...
Seigneur!

OROSMANE.

O Ciel! eh quoi?

ZAÏRE.

Seigneur, cet hyménée
Était un bien suprême à mon âme étonnée.
Je n'ai point recherché le trône et la grandeur:
Qu'un sentiment plus juste occupait tout mon cœur!
Hélas! j'aurais voulu qu'à vos vertus unie,
Et méprisant pour vous les trônes de l'Asie,
Seule et dans un désert, auprès de mon époux,

J'eusse pu sous mes pieds les fouler avec vous.
Mais... Seigneur... ces chrétiens...

OROSMANE.

Ces chrétiens... Quoi, Madame!
Qu'auraient donc de commun cette secte et ma flamme?

ZAÏRE.

Lusignan, ce vieillard accablé de douleurs,
Termine en ces momens sa vie et ses malheurs.

OROSMANE.

Eh bien! quel intérêt si pressant et si tendre
A ce vieillard chrétien votre cœur peut-il prendre?
Vous n'êtes point chrétienne; élevée en ces lieux,
Vous suivez dès long-temps la foi de mes aïeux;
Un vieillard qui succombe au poids de ses années
Peut-il troubler ici vos belles destinées?
Cette aimable pitié qu'il s'attire de vous,
Doit se perdre avec moi dans des momens si doux.

ZAÏRE.

Seigneur, si vous m'aimez, si je vous étais chère...

OROSMANE.

Si vous l'êtes, ah Dieu!

ZAÏRE.

Souffrez que l'on diffère...
Permettez que ces nœuds par vos mains assemblés...

OROSMANE.

Que dites-vous? ô Ciel! est-ce vous qui parlez
Zaïre!

ZAÏRE.

Je ne puis soutenir sa colère.

OROSMANE.

Zaïre.

ZAÏRE.

Il m'est affreux, Seigneur, de vous déplaire;
Excusez ma douleur... Non, j'oublie à la fois
Et tout ce que je suis et tout ce que je dois.
Je ne puis soutenir cet aspect qui me tue.
Je ne puis... Ah! souffrez que loin de votre vue,
Seigneur, j'aille cacher mes larmes, mes ennuis,
Mes vœux, mon désespoir, et l'horreur où je suis.
(*Elle sort.*)

SCÈNE VII.

OROSMANE, CORASMIN.

OROSMANE.

Je demeure immobile, et ma langue glacée
Se refuse aux transports de mon âme offensée.
Est-ce à moi que l'on parle? ai-je bien entendu?
Est-ce moi qu'elle fuit? ô ciel! et qu'ai-je vu?
Corasmin, quel est donc ce changement extrême?
Je la laisse échapper! je m'ignore moi-même.

CORASMIN.

Vous seul causez son trouble, et vous vous en plaignez:
Vous accusez, Seigneur, un cœur où vous régnez.

OROSMANE.

Mais pourquoi donc ces pleurs, ces regrets, cette fuite,
Cette douleur si sombre en ses regards écrite?
Si c'était ce Français...! quel soupçon! quel horreur!
Quelle lumière affreuse a passé dans mon cœur!
Hélas! je repoussais ma juste défiance;
Un barbare, un esclave, aurait cette insolence!
Cher ami, je verrais un cœur comme le mien

Réduit à redouter un esclave chrétien ?
Mais, parle; tu pouvais observer son visage,
Tu pouvais de ses yeux entendre le langage :
Ne me déguise rien : mes feux sont-ils trahis?
Apprends-moi mon malheur...tu trembles...tu frémis...
C'en est assez.

CORASMIN.

Je crains d'irriter vos alarmes.
Il est vrai que ses yeux ont versé quelques larmes;
Mais, Seigneur, après tout, je n'ai rien observé
Qui doive...

OROSMANE.

A cet affront je serais réservé!
Non; si Zaïre, ami, m'avait fait cette offense,
Elle eût avec plus d'art trompé ma confiance;
Le déplaisir secret de son cœur agité,
Si ce cœur est perfide, aurait-il éclaté?
Écoute : garde-toi de soupçonner Zaïre.
Mais, dis-tu, ce Français gémit, pleure, soupire :
Que m'importe après tout le sujet de ses pleurs ?
Qui sait si l'amour même entre dans ses douleurs?
Et qu'ai-je à redouter d'un esclave infidèle
Qui demain pour jamais se va séparer d'elle?

CORASMIN.

N'avez-vous pas, Seigneur, permis, malgré nos lois,
Qu'il jouît de sa vue une seconde fois ?
Qu'il revînt en ces lieux ?

OROSMANE.

Qu'il revînt? lui! ce traître!
Qu'aux yeux de ma maîtresse il osât reparaître?
Oui, je le lui rendrais, mais mourant, mais puni.

Mais versant à ses yeux le sang qui m'a trahi,
Déchiré devant elle ; et ma main dégouttante
Confondrait dans son sang le sang de son amante...
Excuse les transports de ce cœur offensé ;
Il est né violent, il aime, il est blessé.
Je connais mes fureurs, et je crains ma faiblesse ;
A des troubles honteux je sens que je m'abaisse..
Non, c'est trop sur Zaïre arrêter un soupçon ;
Non, son cœur n'est point fait pour une trahison
Mais ne crois pas non plus que le mien s'avilisse
A souffrir des rigueurs, à gémir d'un caprice,
A me plaindre, à reprendre, à redonner ma foi.
Les éclaircissemens sont indignes de moi ;
Il vaut mieux sur mes sens reprendre un juste empire ;
Il vaut mieux oublier jusqu'au nom de Zaïre.
Allons, que le sérail soit fermé pour jamais ;
Que la terreur habite aux portes du palais ;
Que tout ressente ici le frein de l'esclavage.
Des rois de l'Orient suivons l'antique usage.
On peut, pour son esclave oubliant sa fierté,
Laisser tomber sur elle un regard de bonté ;
Mais il est trop honteux de craindre une maîtresse ;
Aux mœurs de l'Occident laissons cette bassesse.
Ce sexe dangereux, qui veut tout asservir,
S'il règne dans l'Europe, ici doit obéir.

FIN DU TROISIÈME ACTE.

ACTE IV.

SCÈNE PREMIÈRE.

ZAIRE, FATIME.

FATIME.

Que je vous plains, Madame, et que je vous admire!
C'est le dieu des chrétiens, c'est Dieu qui vous inspire!
Il donnera la force à vos bras languissans
De briser des liens si chers et si puissans.

ZAÏRE.

Eh! pourrais-je achever ce fatal sacrifice?

FATIME.

Vous demandez sa grâce, il vous doit sa justice;
De votre cœur docile il doit prendre le soin.

ZAÏRE.

Jamais de son appui je n'eus tant de besoin.

FATIME.

Si vous ne voyez plus votre auguste famille,
Le Dieu que vous servez vous adopte pour fille;
Vous êtes dans ses bras; il parle à votre cœur:
Et quand ce saint pontife, organe du Seigneur,
Ne pourrait aborder dans ce palais profane....

ZAÏRE.

Ah! j'ai porté la mort dans le sein d'Orosmane!

J'ai pu désespérer le cœur de mon amant!
Quel outrage, Fatime, et quel affreux moment!
Mon Dieu, vous l'ordonnez!... j'eusse été trop heureuse!

FATIME.

Quoi! regretter encor cette chaîne honteuse!
Hasarder la victoire ayant tant combattu!

ZAÏRE.

Victoire infortunée! inhumaine vertu!
Non, tu ne connais pas ce que je sacrifie.
Cet amour si puissant, ce charme de ma vie,
Dont j'espérais, hélas! tant de félicité,
Dans toute son ardeur n'avait point éclaté.
Fatime, j'offre à Dieu mes blessures cruelles;
Je mouille devant lui de larmes criminelles
Ces lieux où tu m'as dit qu'il choisit son séjour;
Je lui crie en pleurant: Ote-moi mon amour,
Arrache-moi mes vœux, remplis-moi de toi-même;
Mais, Fatime, à l'instant les traits de ce que j'aime,
Ces traits chers et charmans, que toujours je revoi,
Se montrent dans mon âme entre le Ciel et moi.
Eh bien! race des rois dont le Ciel me fit naître,
Père, mère, chrétiens, vous mon Dieu, vous mon maître,
Vous qui de mon amant me privez aujourd'hui,
Terminez donc mes jours qui ne sont plus pour lui!
Que j'expire innocente, et qu'une main si chère
De ces yeux qu'il aimait ferme au moins la paupière!
Ah! que fait Orosmane? il ne s'informe pas
Si j'attends loin de lui la vie ou le trépas;
Il me fuit, il me laisse, et je n'y peux survivre.

FATIME.

Quoi! vous, fille des rois, que vous prétendez suivre,

Vous, dans les bras d'un Dieu, votre éternel appui....

ZAÏRE.

Eh! pourquoi mon amant n'est-il pas né pour lui?
Orosmane est-il fait pour être sa victime?
Dieu pourrait-il haïr un cœur si magnanime?
Généreux, bienfaisant, juste, plein de vertus,
S'il était né chrétien, que serait-il de plus?
Et plût à Dieu du moins que ce saint interprète,
Ce ministre sacré que mon âme souhaite,
Du trouble où tu me vois vînt bientôt me tirer!
Je ne sais; mais enfin j'ose encore espérer
Que ce Dieu, dont cent fois on m'a peint la clémence,
Ne réprouverait point une telle alliance:
Peut-être, de Zaïre en secret adoré,
Il pardonne aux combats de ce cœur déchiré;
Peut-être, en me laissant au trône de Syrie,
Il soutiendrait par moi les chrétiens de l'Asie.
Fatime, tu le sais, ce puissant Saladin
Qui ravit à mon sang l'empire du Jourdain,
Qui fit comme Orosmane admirer sa clémence,
Au sein d'une chrétienne il avait pris naissance.

FATIME.

Ah! ne voyez-vous pas que pour vous consoler....

ZAÏRE.

Laisse-moi; je vois tout, je meurs sans m'aveugler:
Je vois que mon pays, mon sang, tout me condamne;
Que je suis Lusignan, que j'adore Orosmane;
Que mes vœux, que mes jours à ses jours sont liés.
Je voudrais quelquefois me jeter à ses pieds,
De tout ce que je suis faire un aveu sincère.

FATIME.

Songez que cet aveu peut perdre votre frère,
Expose les chrétiens, qui n'ont que vous d'appui,
Et va trahir le Dieu qui vous rappelle à lui.

ZAÏRE.

Ah! si tu connaissais le grand cœur d'Orosmane!

FATIME.

Il est le protecteur de la loi musulmane,
Et plus il vous adore, et moins il peut souffrir
Qu'on vous ose annoncer un Dieu qu'il doit haïr.
Le pontife à vos yeux en secret va se rendre,
Et vous avez promis....

ZAÏRE.

Eh bien! il faut l'attendre.
J'ai promis, j'ai juré de garder ce secret.
Hélas! qu'à mon amant je le tais à regret!
Et, pour comble d'horreur, je ne suis plus aimée.

SCÈNE II.

OROSMANE, ZAIRE.

OROSMANE.

Madame, il fut un temps où mon ame charmée,
Ecoutant sans rougir des sentimens trop chers,
Se fit une vertu de languir dans vos fers.
Je croyais être aimé, Madame, et votre maître,
Soupirant à vos pieds, devait s'attendre à l'être.
Vous ne m'entendrez point, amant faible et jaloux,
En reproches honteux éclater contre vous.
Cruellement blessé, mais trop fier pour me plaindre,
Trop généreux, trop grand pour m'abaisser à feindre,

Je viens vous déclarer que le plus froid mépris
De vos caprices vains sera le digne prix.
Ne vous préparez point à tromper ma tendresse,
A chercher des raisons dont la flatteuse adresse,
A mes yeux éblouis colorant vos refus,
Vous ramène un amant qui ne vous connaît plus,
Et qui, craignant surtout qu'à rougir on l'expose,
D'un refus outrageant veut ignorer la cause.
Madame, c'en est fait, une autre va monter
Au rang que mon amour vous daignait présenter;
Une autre aura des yeux, et va du moins connaître
De quel prix mon amour et ma main devaient être.
Il pourra m'en coûter; mais mon cœur s'y résout.
Apprenez qu'Orosmane est capable de tout;
Que j'aime mieux vous perdre, et loin de votre vue
Mourir désespéré de vous avoir perdue,
Que de vous posséder, s'il faut qu'à votre foi
Il en coûte un soupir qui ne soit pas pour moi.
Allez! mes yeux jamais ne reverront vos charmes.

ZAÏRE.

Tu m'as donc tout ravi, Dieu, témoin de mes larmes;
Tu veux commander seul à mes sens éperdus....
Eh bien! puisqu'il est vrai que vous ne m'aimez plus,
Seigneur....

OROSMANE.

Il est trop vrai que l'honneur me l'ordonne,
Que je vous adorai, que je vous abandonne,
Que je renonce à vous, que vous le désirez,
Que sous une autre loi.... Zaïre, vous pleurez?

ZAÏRE.

Ah! Seigneur! ah! du moins gardez de jamais croire

Que du rang d'un soudan je regrette la gloire;
Je sais qu'il faut vous perdre, et mon sort l'a voulu:
Mais, Seigneur, mais mon cœur ne vous est pas connu.
Me punisse à jamais ce Ciel qui me condamne
Si je regrette rien que le cœur d'Orosmane!

OROSMANE.

Zaïre, vous m'aimez!

ZAÏRE.

Dieu! si je l'aime, hélas!

OROSMANE.

Quel caprice étonnant, que je ne conçois pas!
Vous m'aimez? Eh! pourquoi vous forcez-vous, cruelle,
A déchirer le cœur d'un amant si fidèle?
Je me connaissais mal; oui, dans mon désespoir,
J'avais cru sur moi-même avoir plus de pouvoir.
Va, mon cœur est bien loin d'un pouvoir si funeste:
Zaïre, que jamais la vengeance céleste
Ne donne à ton amant, enchaîné sous ta loi,
La force d'oublier l'amour qu'il a pour toi!
Qui, moi! que sur mon trône une autre fût placée!
Non, je n'en eus jamais la fatale pensée.
Pardonne à mon courroux, à mes sens interdits,
Ces dédains affectés, et si bien démentis;
C'est le seul déplaisir que jamais, dans ta vie,
Le Ciel aura voulu que ta tendresse essuie.
Je t'aimerai toujours... Mais d'où vient que ton cœur
En partageant mes feux différait mon bonheur?
Parle, était-ce un caprice? est-ce crainte d'un maître,
D'un soudan, qui pour toi veut renoncer à l'être?
Serait-ce un artifice? épargne-toi ce soin;
L'art n'est pas fait pour toi, tu n'en a pas besoin;

Qu'il ne souille jamais le saint nœud qui nous lie!
L'art le plus innocent tient de la perfidie :
Je n'en connus jamais, et mes sens déchirés,
Pleins d'un amour si vrai...

ZAÏRE.

Vous me désespérez.
Vous m'êtes cher sans doute, et ma tendresse extrême
Est le comble des maux pour ce cœur qui vous aime.

OROSMANE.

O Ciel! expliquez-vous. Quoi! toujours me troubler?
Se peut-il ?...

ZAÏRE.

Dieu puissant, que ne puis-je parler!

OROSMANE.

Quel étrange secret me cachez-vous, Zaïre ?
Est-il quelque chrétien qui contre moi conspire ?
Me trahit-on? parlez.

ZAÏRE.

Eh! peut-on vous trahir ?
Seigneur, entre eux et vous vous me verriez courir :
On ne vous trahit point, pour vous rien n'est à craindre:
Mon malheur est pour moi, je suis la seule à plaindre.

OROSMANE.

Vous, à plaindre! grand Dieu !

ZAÏRE.

Souffrez qu'à vos genoux
Je demande en tremblant une grâce de vous.

OROSMANE.

Une grâce! ordonnez et demandez ma vie.

ZAÏRE.

Plût au Ciel qu'à vos jours la mienne fût unie !

Orosmane... Seigneur... permettez qu'aujourd'hui,
Seule, loin de vous-même, et toute à mon ennui,
D'un œil plus recueilli contemplant ma fortune,
Je cache à votre oreille une plainte importune...
Demain tous mes secrets vous seront révélés.

OROSMANE.

De quelle inquiétude, ô ciel, vous m'accablez !
Pouvez-vous ?...

ZAÏRE.

Si pour moi l'amour vous parle encore,
Ne me refusez pas la grâce que j'implore.

OROSMANE.

Eh bien ! il faut vouloir tout ce que vous voulez;
J'y consens; il en coûte à mes sens désolés.
Allez : souvenez-vous que je vous sacrifie
Les momens les plus beaux, les plus chers de ma vie.

ZAÏRE.

En me parlant ainsi, vous me percez le cœur.

OROSMANE.

Eh bien ! vous me quittez, Zaïre ?

ZAÏRE.

Hélas! Seigneur.

SCÈNE III.

OROSMANE, CORASMIN.

OROSMANE.

Ah! c'est trop tôt chercher ce solitaire asile;
C'est trop tôt abuser de ma bonté facile;
Et plus j'y pense, ami, moins je puis concevoir
Le sujet si caché de tant de désespoir.

Quoi donc ! par ma tendresse élevée à l'empire,
Dans le sein du bonheur que son âme désire,
Près d'un amant qu'elle aime, et qui brûle à ses pieds,
Ses yeux, remplis d'amour, de larmes sont noyés !
Je suis bien indigne de voir tant de caprices :
Mais moi-même, après tout, eus-je moins d'injustices?
Ai-je été moins coupable à ses yeux offensés ?
Est-ce à moi de me plaindre? on m'aime, c'est assez :
Il me faut expier par un peu d'indulgence
De mes transports jaloux l'injurieuse offense.
Je me rends. Je le vois, son cœur est sans détours ;
La nature naïve anime ses discours :
Elle est dans l'âge heureux où règne l'innocence ;
A sa sincérité je dois ma confiance.
Elle m'aime, sans doute ; oui, j'ai lu devant toi,
Dans ses yeux attendris, l'amour qu'elle a pour moi ;
Et son âme, éprouvant cette ardeur qui me touche,
Vingt fois pour me le dire a volé sur sa bouche.
Qui peut avoir un cœur assez traître, assez bas,
Pour montrer tant d'amour et ne le sentir pas ?

SCÈNE IV.

OROSMANE, CORASMIN, MÉLÉDOR.

MÉLÉDOR.

Cette lettre, Seigneur, à Zaïre adressée,
Par vos gardes saisie, et dans mes mains laissée...

OROSMANE.

Donne... qui la portait ?... Donne.

MÉLÉDOR.

Un de ces chrétiens

Dont vos bontés, Seigneur, ont brisé les liens :
Au sérail en secret il allait s'introduire ;
On l'a mis dans les fers.

OROSMANE.

Hélas ! que vais-je lire ?
Laisse-nous..., je frémis.

SCÈNE V.

OROSMANE, CORASMIN.

CORASMIN.

Cette lettre, Seigneur,
Pourra vous éclaircir, et calmer votre cœur.

OROSMANE.

Ah ! lisons : ma main tremble, et mon âme étonnée
Prévoit que ce billet contient ma destinée.
Lisons : « Chère Zaïre, il est temps de nous voir.
« Il est vers la mosquée une secrète issue
« Où vous pouvez sans bruit et sans être aperçue
« Tromper vos surveillans, et remplir notre espoir :
« Il faut tout hasarder ; vous connaissez mon zèle :
« Je vous attends ; je meurs si vous n'êtes fidèle. »
Eh bien ! cher Corasmin ; que dis-tu ?

CORASMIN.

Moi, Seigneur ?
Je suis épouvanté de ce comble d'horreur.

OROSMANE.

Tu vois comme on me traite.

CORASMIN.

O trahison horrible !
Seigneur, à cet affront vous êtes insensible ?

Vous dont le cœur tantôt, sur un simple soupçon,
D'une douleur si vive a reçu le poison?
Ah! sans doute, l'horreur d'une action si noire
Vous guérit d'un amour qui blessait votre gloire.

OROSMANE.

Cours chez elle à l'instant, va, vole, Corasmin :
Montre-lui cet écrit... Qu'elle tremble... et soudain
De cent coups de poignard que l'infidèle meure!
Mais avant de frapper... Ah! cher ami, demeure;
Demeure, il n'est pas temps. Je veux que ce chrétien
Devant elle amené... non... je ne veux plus rien...
Je me meurs... je succombe à l'excès de ma rage.

CORASMIN.

On ne reçut jamais un si sanglant outrage.

OROSMANE.

Le voilà donc connu ce secret plein d'horreur!
Ce secret qui pesait à son infâme cœur!
Sous le voile emprunté d'une crainte ingénue
Elle veut quelque temps se soustraire à ma vue;
Je me fais cet effort, je la laisse sortir;
Elle part en pleurant... et c'est pour me trahir.
Quoi, Zaïre!

CORASMIN.

Tout sert à redoubler son crime.
Seigneur, n'en soyez pas l'innocente victime;
Et de vos sentimens rappelant la grandeur...

OROSMANE.

C'est là ce Nérestan, ce héros plein d'honneur,
Ce chrétien si vanté, qui remplissait Solyme
De ce faste imposant de sa vertu sublime!
Je l'admirais moi-même, et mon cœur combattu

S'indignait qu'un chrétien m'égalât en vertu.
Ah! qu'il va me payer sa fourbe abominable!
Mais Zaïre, Zaïre est cent fois plus coupable:
Une esclave chrétienne, et que j'ai pu laisser
Dans les plus vils emplois languir sans l'abaisser!
Une esclave! elle sait ce que j'ai fait pour elle!
Ah, malheureux!

CORASMIN.

Seigneur, si vous souffrez mon zèle,
Si, parmi les horreurs qui doivent vous troubler,
Vous vouliez...

OROSMANE.

Oui, je veux la voir et lui parler.
Allez, volez, esclave, et m'amenez Zaïre.

CORASMIN.

Hélas! en cet état que pourrez-vous lui dire?

OROSMANE.

Je ne sais, cher ami, mais je prétends la voir.

CORASMIN.

Ah! Seigneur, vous allez, dans votre désespoir,
Vous plaindre, menacer, faire couler ses larmes;
Vos bontés contre vous lui donneront des armes;
Et votre cœur séduit, malgré tous vos soupçons,
Pour la justifier cherchera des raisons.
M'en croirez-vous? cachez cette lettre à sa vue;
Prenez pour la lui rendre une main inconnue;
Par-là, malgré la fraude et les déguisemens,
Vos yeux démêleront ses secrets sentimens,
Et des plis de son cœur verront tout l'artifice

OROSMANE.

Penses-tu qu'en effet Zaïre me trahisse?

Allons, quoi qu'il en soit, je vais tenter mon sort,
Et pousser la vertu jusqu'au dernier effort.
Je veux voir à quel point une femme hardie
Saura de son côté pousser la perfidie.

CORASMIN.

Seigneur, je crains pour vous ce funeste entretien;
Un cœur tel que le vôtre...

OROSMANE.

Ah! n'en redoute rien;
A son exemple, hélas! ce cœur ne saurait feindre :
Mais j'ai la fermeté de savoir me contraindre :
Oui, puisqu'elle m'abaisse à connaître un rival...
Tiens, reçois ce billet à tous trois si fatal;
Va, choisis pour le rendre un esclave fidèle;
Mets en de sûres mains cette lettre cruelle;
Va, cours... Je ferai plus, j'éviterai ses yeux,
Qu'elle n'approche pas... C'est elle, justes cieux!

SCÈNE VI.

OROSMANE, ZAIRE.

ZAÏRE.

Seigneur, vous m'étonnez; quelle raison soudaine,
Quel ordre si pressant près de vous me ramène?

OROSMANE.

Eh bien! Madame, il faut que vous m'éclaircissiez;
Cet ordre est important plus que vous ne croyez.
Je me suis consulté... Malheureux l'un par l'autre,
Il faut régler d'un mot et mon sort et le vôtre.
Peut-être qu'en effet ce que j'ai fait pour vous,
Mon orgueil oublié, mon sceptre à vos genoux,

Mes bienfaits, mon respect, mes soins, ma confiance,
Ont arraché de vous quelque reconnaissance.
Votre cœur, par un maître attaqué chaque jour,
Vaincu par mes bienfaits, crut l'être par l'amour.
Dans votre âme avec vous il est temps que je lise,
Il faut que ses replis s'ouvrent à ma franchise :
Jugez-vous ; répondez avec la vérité
Que vous devez au moins à ma sincérité.
Si de quelque autre amour l'invincible puissance
L'emporte sur mes soins, ou même les balance,
Il faut me l'avouer, et dans ce même instant.
Ta grâce est dans mon cœur; prononce, elle t'attend.
Sacrifie à ma foi l'insolent qui t'adore :
Songe que je te vois, que je te parle encore,
Que ma foudre à ta voix pourra se détourner,
Que c'est le seul moment où je peux pardonner.

ZAÏRE.

Vous, Seigneur ! vous osez me tenir ce langage?
Vous, cruel ! Apprenez que ce cœur qu'on outrage,
Et que par tant d'horreurs le Ciel veut éprouver,
S'il ne vous aimait pas, est né pour vous braver.
Je ne crains rien ici que ma funeste flamme :
N'imputez qu'à ce feu qui brûle encore mon âme,
N'imputez qu'à l'amour, que je dois oublier,
La honte où je descends de me justifier.
J'ignore si le Ciel, qui m'a toujours trahie,
A destiné pour vous ma malheureuse vie.
Quoi qu'il puisse arriver, je jure par l'honneur,
Qui, non moins que l'amour, est gravé dans mon cœur,
Je jure que Zaïre, à soi-même rendue,
Des rois les plus puissans détesterait la vue ;

Que tout autre après vous me serait odieux.
Voulez-vous plus savoir, et me connaître mieux?
Voulez-vous que ce cœur, à l'amertume en proie,
Ce cœur désespéré devant vous se déploie?
Sachez donc qu'en secret il pensait malgré lui
Tout ce que devant vous il déclare aujourd'hui;
Qu'il soupirait pour vous avant que vos tendresses
Vinssent justifier mes naissantes faiblesses;
Qu'il prévint vos bienfaits, qu'il brûlait à vos pieds,
Qu'il vous aimait enfin lorsque vous m'ignoriez;
Qu'il n'eut jamais que vous, n'aura que vous pour maître,
J'en atteste le Ciel, que j'offense peut-être;
Et si j'ai mérité son éternel courroux,
Si mon cœur fut coupable, ingrat, c'était pour vous.

OROSMANE.

Quoi! des plus tendres feux sa bouche encor m'assure!
Quel excès de noirceur! Zaïre!.. ah, la parjure!
Quand de sa trahison j'ai la preuve en ma main!

ZAÏRE.

Que dites-vous? Quel trouble agite votre sein?

OROSMANE.

Je ne suis point troublé. Vous m'aimez?

ZAÏRE.

Votre bouche
Peut-elle me parler avec ce ton farouche
D'un feu si tendrement déclaré chaque jour?
Vous me glacez de crainte en me parlant d'amour.

OROSMANE.

Vous m'aimez?

ZAÏRE.

Vous pouvez douter de ma tendresse?

Mais, encore une fois, quelle fureur vous presse?
Quels regards effrayans vous me lancez, hélas!
Vous doutez de mon cœur?

OROSMANE.

Non, je n'en doute pas.
Allez, rentrez, Madame.

SCÈNE VII.

OROSMANE, CORASMIN.

OROSMANE.

Ami, sa perfidie
Au comble de l'horreur ne s'est pas démentie;
Tranquille dans le crime, et fausse avec douceur,
Elle a jusques au bout soutenu sa noirceur.
As-tu trouvé l'esclave? as-tu servi ma rage?
Connaîtrai-je à la fois son crime et mon ouvrage?

CORASMIN.

Oui, je viens d'obéir; mais vous ne pouvez pas
Soupirer désormais pour ses traîtres appas;
Vous la verrez sans doute avec indifférence,
Sans que le repentir succède à la vengeance,
Sans que l'amour sur vous en repousse les traits.

OROSMANE.

Corasmin, je l'adore encor plus que jamais.

CORASMIN.

Vous? ô Ciel! vous?

OROSMANE.

Je vois un rayon d'espérance.
Cet odieux chrétien, l'élève de la France,
Est jeune, impatient, léger, présomptueux;

Il peut croire aisément ses téméraires vœux;
Son amour indiscret, et plein de confiance,
Aura de ses soupirs hasardé l'insolence :
Un regard de Zaïre aura pu l'aveugler;
Sans doute il est aisé de s'en laisser troubler.
Il croit qu'il est aimé, c'est lui seul qui m'offense;
Peut-être ils ne sont point tous deux d'intelligence.
Zaïre n'a point vu ce billet criminel,
Et j'en croyais trop tôt mon déplaisir mortel.
Corasmin, écoutez... dès que la nuit plus sombre
Aux crimes des mortels viendra prêter son ombre,
Sitôt que ce chrétien chargé de mes bienfaits,
Nérestan, paraîtra sous les murs du palais,
Ayez soin qu'à l'instant la garde le saisisse;
Qu'on prépare pour lui le plus honteux supplice,
Et que chargé de fers il me soit présenté.
Laissez, surtout, laissez Zaïre en liberté.
Tu vois mon cœur, tu vois à quel excès je l'aime!
Ma fureur est plus grande, et j'en tremble moi-même.
J'ai honte des douleurs où je me suis plongé;
Mais malheur aux ingrats qui m'auront outragé!

FIN DU QUATRIÈME ACTE.

ACTE V.

SCÈNE PREMIÈRE.

OROSMAME, CORASMIN, UN ESCLAVE.

OROSMANE.

On l'a fait avertir, l'ingrate va paraître,
Songe que dans tes mains est le sort de ton maître :
Donne-lui le billet de ce traitre chrétien;
Rends-moi compte de tout, examine-la bien;
Porte-moi sa réponse. On approche... c'est elle.
(*à Corasmin.*)
Viens, d'un malheureux prince ami tendre et fidèle,
Viens m'aider à cacher ma rage et mes ennuis.

SCÈNE II.

ZAIRE, FATIME, L'ESCLAVE.

ZAÏRE.

Ah! qui peut me parler dans l'état où je suis?
A tant d'horreurs, hélas! qui pourra me soustraire?
Le sérail est fermé! Dieu! si c'était mon frère!
Si la main de ce Dieu, pour soutenir ma foi,
Par des chemins cachés le conduisait vers moi!
Quel esclave inconnu se présente à ma vue?

L'ESCLAVE.

Cette lettre, en secret dans mes mains parvenue,
Pourra vous assurer de ma fidélité.

ZAÏRE.

Donne. (*elle lit*)

FATIME, *à part, pendant que Zaïre lit.*)

Dieu tout-puissant! éclate en ta bonté;
Fais descendre ta grâce en ce séjour profane;
Arrache ma princesse au barbare Orosmane!

ZAÏRE, *à Fatime.*

Je voudrais te parler.

FATIME, *à l'esclave.*

Allez, retirez-vous;
On vous rappellera, soyez prêt; laissez-nous.

SCÈNE III.

ZAIRE, FATIME.

ZAÏRE.

Lis ce billet : hélas! dis-moi ce qu'il faut faire;
Je voudrais obéir aux ordres de mon frère.

FATIME.

Dites plutôt, Madame, aux ordres éternels
D'un Dieu qui vous demande au pied de ses autels.
Ce n'est point Nérestan, c'est Dieu qui vous appelle.

ZAÏRE.

Je le sais, à sa voix je ne suis point rebelle,
J'en ai fait le serment; mais puis-je m'engager,
Moi, les chrétiens, mon frère, en un si grand danger?

FATIME.

Ce n'est point leur danger dont vous êtes troublée:

Votre amour parle seul à votre âme ébranlée.
Je connais votre cœur; il penserait comme eux.
Il hasarderait tout, s'il n'était amoureux.
Ah! connaissez du moins l'erreur qui vous engage.
Vous tremblez d'offenser l'amant qui vous outrage.
Quoi! ne voyez-vous pas toutes ses cruautés,
Et l'âme d'un Tartare à travers ses bontés?
Ce tigre, encor farouche au sein de sa tendresse,
Même en vous adorant menaçait sa maîtresse...
Et votre cœur encor ne s'en peut détacher!
Vous soupirez pour lui!

ZAÏRE

Qu'ai-je à lui reprocher?
C'est moi qui l'offensais, moi qu'en cette journée
Il a vu souhaiter ce fatal hyménée :
Le trône était tout prêt, le temple était paré,
Mon amant m'adorait, et j'ai tout différé.
Moi, qui devais ici trembler sous sa puissance,
J'ai de ses sentimens bravé la violence;
J'ai soumis son amour, il fait ce que je veux,
Il m'a sacrifié ses transports amoureux.

FATIME.

Ce malheureux amour, dont votre âme est blessée,
Peut-il en ce moment remplir votre pensée?

ZAÏRE.

Ah! Fatime, tout sert à me désespérer.
Je sais que du sérail rien ne peut me tirer;
Je voudrais des chrétiens voir l'heureuse contrée,
Quitter ce lieu funeste à mon âme égarée;
Et je sens qu'à l'instant, prompte à me démentir,
Je fais des vœux secrets pour n'en jamais sortir.

Quel état! quel tourment! non, mon âme inquiète
Ne sait ce qu'elle doit, ni ce qu'elle souhaite;
Une terreur affreuse est tout ce que je sens.
Dieu! détourne de moi ces noirs pressentimens;
Prends soin de nos chrétiens, et veille sur mon frère!
Prends soin, du haut des cieux, d'une tête si chère!
Oui, je le vais trouver, je lui vais obéir:
Mais dès que de Solyme il aura pu partir,
Par son absence alors à parler enhardie,
J'apprends à mon amant le secret de ma vie:
Je lui dirai le culte où mon cœur est lié,
Il lira dans ce cœur, il en aura pitié:
Mais, dussé-je au supplice être ici condamnée,
Je ne trahirai point le sang dont je suis née.
Va, tu peux amener mon frère dans ces lieux.
Rappelle cet esclave.

SCÈNE IV.

ZAIRE *seule.*

O Dieu de mes aïeux!
Dieu de tous mes parens, de mon malheureux père,
Que ta main me conduise, et que ton œil m'éclaire!

SCÈNE V.

ZAIRE, L'ESCLAVE.

ZAÏRE.

Allez dire au chrétien qui marche sur vos pas
Que mon cœur aujourd'hui ne le trahira pas,

Que Fatime en ces lieux va bientôt l'introduire.
(*à part.*)
Allons, rassure-toi, malheureuse Zaïre!..

SCÈNE VI.

OROSMANE, CORASMIN, L'ESCLAVE.

OROSMANE.

Que ces momens, grand Dieu, sont lents pour ma fureur!
(*à l'esclave.*)
Eh bien! que t'a-t-on dit? réponds, parle.

L'ESCLAVE.

Seigneur,
On n'a jamais senti de si vives alarmes;
Elle a pâli, tremblé; ses yeux versaient des larmes;
Elle m'a fait sortir, elle m'a rappelé,
Et d'une voix tremblante et d'un cœur tout troublé,
Près de ces lieux, Seigneur, elle a promis d'attendre
Celui qui cette nuit à ses yeux doit se rendre.

OROSMANE.

(*à l'esclave.*) (*à Corasmin.*)
Allez, il me suffit... Ote-toi de mes yeux,
Laisse-moi, tout mortel me devient odieux.
Laisse-moi seul, te dis-je, à ma fureur extrême:
Je hais le monde entier, je m'abhorre moi-même.

SCÈNE VII.

OROSMANE *seul.*

Où suis-je? ô Ciel! où suis-je? où porté-je mes vœux?
Zaïre, Nérestan. . couple ingrat, couple affreux!

Traîtres, arrachez-moi ce jour que je respire,
Ce jour souillé par vous!... misérable Zaïre,
Tu ne jouiras pas... Corasmin, revenez.

SCÈNE VIII.

OROSMANE, CORASMIN.

OROSMANE.

Ah! trop cruel ami, quoi, vous m'abandonnez!
Venez : a-t-il paru, ce rival, ce coupable?

CORASMIN.

Rien ne paraît encore.

OROSMANE.

O nuit! nuit effroyable!
Peux-tu prêter ton voile à de pareils forfaits?
Zaïre!... l'infidèle!... après tant de bienfaits!
J'aurais d'un œil serein, d'un front inaltérable,
Contemplé de mon rang la chute épouvantable;
J'aurais su, dans l'horreur de la captivité,
Conserver mon courage et ma tranquillité;
Mais me voir à ce point trompé par ce que j'aime!

CORASMIN.

Eh! que prétendez-vous dans cette horreur extrême?
Quel est votre dessein?

OROSMANE.

N'entends-tu pas des cris?

CORASMIN.

Seigneur...

OROSMANE.

Un bruit affreux a frappé mes esprits.
On vient.

CORASMIN.

Non, jusqu'ici nul mortel ne s'âvance;
Le sérail est plongé dans un profond silence;
Tout dort, tout est tranquille; et l'ombre de la nuit...

OROSMANE.

Hélas! le crime veille et son horreur me suit.
A ce coupable excès porter la hardiesse!
Tu ne connaissais pas mon cœur et ma tendresse!
Combien je t'adorais! quels feux! Ah, Corasmin!
Un seul de ses regards aurait fait mon destin;
Je ne puis être heureux ni souffrir que par elle.
Prends pitié de ma rage. Oui, cours... Ah, la cruelle!

CORASMIN.

Est-ce vous qui pleurez? vous, Orosmane? ô cieux!

OROSMANE.

Voilà les premiers pleurs qui coulent de mes yeux.
Tu vois mon sort, tu vois la honte où je me livre;
Mais ces pleurs sont cruels, et la mort va les suivre:
Plains Zaïre, plains-moi; l'heure approche, ces pleurs
Du sang qui va couler sont les avant-coureurs

CORASMIN.

Ah, je tremble pour vous!.

OROSMANE.

Frémis de mes souffrances,
Frémis de mon amour, frémis de mes vengeances.
Approche, viens; j'entends... je ne me trompe pas

CORASMIN.

Sous les murs du palais quelqu'un porte ses pas.

OROSMANE.

Va saisir Nérestan, va, dis-je, qu'on l'enchaîne:
Que tout chargé de fers à mes yeux on l'entraîne.

SCÈNE IX.

OROSMAN, ZAIRE ET FATIME, *marchant pendant la nuit dans l'enfoncement du théâtre.*

ZAÏRE.

Viens, Fatime.

OROSMANE.

Qu'entends-je! est-ce là cette voix
Dont les sons enchanteurs m'ont séduit tant de fois?
Cette voix qui trahit un feu si légitime?
Cette voix infidèle, et l'organe du crime?
Perfide!.... vengeons-nous....Quoi! c'est elle? ô destin!
(il tire son poignard.)
Zaïre! ah Dieu!... ce fer échappe de ma main.

ZAÏre, *à Fatime.*

C'est ici le chemin; viens, soutiens mon courage.

FATIME.

Il va venir.

OROSMANE.

Ce mot me rend toute ma rage.

ZAÏRE.

Je marche en frissonnant; mon cœur est éperdu....
Est-ce vous, Nérestan que j'ai tant attendu?

OROSMANE, *courant à Zaïre.*

C'est moi que tu trahis; tombe à mes pieds, parjure!

ZAÏRE, *tombant dans la coulisse.*

Je me meurs, ô mon Dieu!

OROSMANE.

J'ai vengé mon injure.
Otons-nous de ces lieux... Je ne puis... Qu'ai-je fait?

Rien que de juste... allons j'ai puni son forfait.
Ah! voici son amant que mon destin m'envoie
Pour remplir ma vengeance et ma cruelle joie.

SCÈNE X.

OROSMANE, ZAIRE, NÉRESTAN, CORASMIN, FATIME, ESCLAVES.

OROSMANE.

Approche, malheureux, qui viens de m'arracher,
De môter pour jamais ce qui me fut si cher;
Méprisable ennemi, qui fais encor paraître
L'audace d'un héros avec l'âme d'un traître :
Tu m'imposais ici pour me déshonorer;
Va, le prix en est prêt, tu peux t'y préparer.
Tes maux vont égaler les maux où tu m'exposes,
Et ton ingratitude, et l'horreur que tu causes.
Avez-vous ordonné son supplice?

CORASMIN.

Oui, Seigneur.

OROSMANE.

Il commence déjà dans le fond de ton cœur;
Tes yeux cherchent partout, et demandent encore
La perfide qui t'aime, et qui me déshonore.
Regarde, elle est ici.

NÉRESTAN.

Que dis-tu? Quelle erreur!...

OROSMANE.

Regarde-la, te dis-je.

NÉRESTAN.

Ah! que vois-je! Ah, ma sœur!

Zaïre!...elle n'est plus! Ah, monstre! Ah, jour horrible!

OROSMANE.

Sa sœur! Qu'ai-je entendu? Dieu, serait-il possible?

NÉRESTAN.

Barbare, il est trop vrai : viens épuiser mon flanc
Du reste infortuné de cet auguste sang.
Lusignan, ce vieillard, fut son malheureux père;
Il venait dans mes bras d'achever sa misère,
Et d'un père expiré j'apportais en ces lieux
La volonté dernière et les derniers adieux;
Je venais dans un cœur trop faible et trop sensible
Rappeler des chrétiens le culte incorruptible.
Hélas! elle offensait notre Dieu, notre loi,
Et ce Dieu la punit d'avoir brûlé pour toi.

OROSMANE.

Zaïre!... Elle m'aimait? est-il bien vrai, Fatime?
Sa sœur?... J'étais aimé?

FATIME.

Cruel! voilà son crime.
Tigre altéré de sang, tu viens de massacrer
Celle qui, malgré soi constante à t'adorer,
Se flattait, espérait que le Dieu de ses pères
Recevrait le tribut de ses larmes sincères,
Qu'il verrait en pitié cet amour malheureux,
Que peut-être il voudrait vous réunir tous deux.
Hélas, à cet excès son cœur l'avait trompée;
De cet espoir trop tendre elle était occupée;
Tu balançais son Dieu dans son cœur alarmé.

OROSMANE.

Tu m'en as dit assez. O Ciel! j'étais aimé!
Va, je n'ai pas besoin d'en savoir davantage....

NÉRESTAN.

Cruel! qu'attends-tu donc pour assouvir ta rage?
Il ne reste que moi de ce sang glorieux
Dont ton père et ton bras ont inondé ces lieux;
Rejoins un malheureux à sa triste famille,
Au héros dont tu viens d'assassiner la fille.
Tes tourmens sont-ils prêts? je puis braver tes coups;
Tu m'as fait éprouver le plus cruel de tous.
Mais la soif de mon sang, qui toujours te dévore,
Permet-elle à l'honneur de te parler encore?
En m'arrachant le jour, souviens-toi des chrétiens
Dont tu m'avais juré de briser les liens;
Dans sa férocité ton cœur impitoyable
De ce trait généreux serait-il bien capable?
Parle; à ce prix encor je bénis mon trépas.

OROSMANE, *allant vers le corps de Zaïre.*

Zaïre!

CORASMIN.

Hélas! Seigneur, où portez-vous vos pas?
Rentrez, trop de douleur de votre âme s'empare;
Souffrez que Nérestan....

NÉRESTAN.

Qu'ordonnes-tu, barbare?

OROSMANE, *après une longue pose.*

Qu'on détache ses fers. Écoutez, Corasmin,
Que tous ses compagnons soient délivrés soudain.
Aux malheureux chrétiens prodiguez mes largesses;
Comblés de mes bienfaits, chargés de mes richesses,
Jusqu'au port de Joppé vous conduirez leurs pas.

CORASMIN.

Mais, Seigneur...

OROSMANE.

Obéis, et ne réplique pas :
Vole, et ne trahis point la volonté suprême
D'un soudan qui commande, et d'un ami qui t'aime:
Va, ne perds point de temps, sors, obéis....
(à Nérestan.)
Et toi,
Guerrier infortuné, mais moins encor que moi,
Quitte ces lieux sanglans, remporte en ta patrie
Cet objet que ma rage a privé de la vie.
Ton roi, tous tes chrétiens, apprenant mes malheurs,
N'en parleront jamais sans répandre des pleurs:
Mais, si la vérité par toi se fait connaître,
En détestant mon crime on me plaindra peut-être,
Porte aux tiens ce poignard, que mon bras égaré
A plongé dans un sein qui dut m'être sacré;
Dis-leur que j'ai donné la mort la plus affreuse
A la plus digne femme, à la plus vertueuse
Dont le Ciel ait formé les innocens appas;
Dis-leur qu'à ses genoux j'avais mis mes états;
Dis-leur que dans son sang cette main s'est plongée;
Dis que je l'adorais, et que je l'ai vengée. *(Il se tue.)*
(aux siens.)
Respectez ce héros, et conduisez ses pas;

NÉRESTAN.

Guide-moi, Dieu puissant! je ne me connais pas.
Faut-il qu'à t'admirer ta fureur me contraigne,
Et que, dans mon malheur, ce soit moi qui te plaigne?

FIN DE ZAÏRE.

www.ingramcontent.com/pod-product-compliance
Lightning Source LLC
Chambersburg PA
CBHW051814020726
47502CB00005B/1457

9782012529809